転職回数が多い　非正規だった…

それでも採用される！

転職面接の受け方・答え方

日本実業出版社

はじめに

❖対面面接のやり方を思い出せない人が増えている

私たちはこの３年半の間、コロナウイルスに翻弄された時代を生き抜いてきました。その中で注目すべき大きな変化は、人との接触がリアルでなくなったことです。

オンラインで授業を受け、リモートワークで仕事をする。採用の現場ではオンライン面接が当たり前となりました。外出せずとも自宅で面接を受けられるのは大変便利です。わざわざ電車や飛行機に乗っていく必要もありません。自宅で受けられるから、対面よりもリラックスできます。

このように便利なオンライン面接ですが、その弊害もまた出てきています。「こんなはずじゃなかった」――このセリフは自身の理想と現実にギャップがあるときによく言いますが、実は面接官と応募者、その両方から聞かれるのです。

一次、二次面接がオンラインでも、最終面接はやはり対面での面接がほとんどです。そんなとき面接官がつぶやくのが、「こんな人だったっけ？」「最初の印象と違うなあ」。カメラ越しと対面で会った際の印象のギャップが大きいと、その違和感は不安に変わります。

これは応募者側も同じです。ホームページには載っていない社内の雰囲気や、オンライン面接時とは違う担当者のオフラインでの表情を目の当たりにすると、「本当にここでいいのかなあ」と不安になってしまうのです。

つまり、オンライン面接と対面面接の大きな違いは情報量です。対面面接は、オンライン面接より伝わる情報量が圧倒的に多いのです。

現在、企業は対面面接を再開しています。オンライン面接に慣れてしまったいま、対面面接でどのように振る舞えばよいのでしょうか。

そんな読者のために、採用されるためのポイントをまとめたものが本書になります。オンライン面接を経験した私たちが、あらためて目の前の面接官に自分のことをわかってもらえるようにするためにはどうすればいいのか。本書を読み、採用を掴んでいただきたいと思います。

❖時代にあわせ採用基準が変化している

2004年をピークに労働人口は減少し続けています。そのため、IoTやロボット、ＡＩなどといったデジタル技術を活用する働き方が求められています。それらを駆使し、労働生産性を向上するためには、一人ひとりが自分の頭で考え、自らのスキルや強みを発揮しながら働く必要があります。

想像力を働かせ自分がどう動けばいいのか考えられる人、責任を持ち最後まで粘り強く頑張れる人が求められています。また、周囲との調和を図り、自分の意見を持ちつつ互いに協力し合うといったコミュニケーション力も欠かせません。

企業はあなたに大いに期待しています。未来を予測できない時代だからこそ、変化に適応し、より良い社会に変えていこうとするあなたの意欲に期待しているのです。そのため、これまでの質問に加え、さらに深く問いかける質問、本質を探る質問、具体的な質問が増えています。

面接官は本当のあなたを知りたいのです。あなたと対話をしたいのです。そんな面接官と向き合うためにも、本書には具体的な質問や応答例もふんだんに盛り込みました。

❖面接は「自分プレゼンテーション」の場

あなたは自分と自分の未来のことをどのように捉えていますか？

「転職が多いから難しいに違いない」
「アルバイトしかしていないから経験が少ないと思われるかも」
「子育てしている私の頑張りは認めてもらえないのよねぇ」

あなたが自分のことをそのように捉えてしまうと、それは面接官に伝わってしまいます。「そうではない」と思うのなら、その部分をしっかりとアピールしましょう。面接とは「自分プレゼンテーション」の場なのですから。

企業にとって、転職回数の少ない人、20代、30代の人、独身で転勤が可能な人は、雇いやすいといえるかもしれません。でも、これから先はさまざまな事情をもった人々が互いに協力しあって働く時代です。また、あなたのユニークな経験は新たな切り札になるかもしれません。

私も、何度も転職をしてきたからこそ多くの経験ができたし、さまざまな人に出会うことができました。このような経験をポジティブに捉え、新たな意味づけをすることは、「自分」というリソースを社会に生かす第一歩ともいえます。

「私を採用すると企業にこんないいことがあります」
「私のポリシーは御社と同じです」

面接官は自分たちと同じ志をもつ人と一緒に仕事がしたいのです。そのためにも、あなたの考えをわかりやすく端的に伝える必要があります。本書には考え方のフレームや具体的な文章が作成できるワークシート、参考にしてもらいたい事例も数多く掲載しています。面接官に共感してもらえる面接トークを身につけましょう。

❖トレンドは「自分軸」であること

「自分軸」とはいったいなんでしょうか。自分軸とは、自分が主体となって発信することをいいます。仕事を自分でクリエイトするということです。

クリエイトというとなにか創造的な仕事のことをイメージするかもしれませんね。クリエイトとは、社会のため組織のために、目の前の仕事をどうすればよいか自分の頭で考え、工夫をし、アイデアを提案することをここではいいます。時代はそんなクリエイティブで主体的なあなたを必要としているのです。

ところが、「自分の軸ってよくわからない」という人は結構多いです。「自分は○○な人間です」、それもひとつの軸かもしれません。でも、「あなたの軸はなんですか？」といった質問を面接官はしません。「あなたの強みは何ですか？」といった質問に加え、「なぜそう言えるのですか？」「具体例を教えてください」「そのとき、どうしてそうしたの？」「その背景には何があるのでしょうか」など、さらにツッコミが入ります。つまり、これらの質問群に答えることではじめて、あなたの「軸」というものが浮き彫りになってくるのです。

❖自分の頭で考えるということ

時代は刻々と変化しています。時代や地域によってビジネスマナーにも違いがあります。掲載しているビジネスマナーは、面接を受けるという視点でまとめています。

また、男性女性といった概念にとらわれない表現を心掛けました。一通り目を通したあとは、今度はあなた自身がそのやり方で本当によいのかどうか、ぜひご自分で考えていただきたいと思います。

第４章以降の質疑応答例は、あなたに自分事として自由に想像していただきたいため、性別や年代などはあえて記載していません。お願いしたいのは、事例をこのまま覚えないということです。大事なポイントをご自身のケースに置き換え、自分らしい志望動機や強みを考えてほしいのです。

あなたが自分の人生、そして人生の転機となる面接を「自分の頭で考える」ことは、この先の人生の手綱を握ることになります。「自分の頭で考える」ことこそが、「主体的な人生を生きる」ことになるのではないでしょうか。

いかがでしょうか。もしかすると、ここまで読んだあなたは「えぇぇ、どうしたらいいの？」「これまで以上に厳しいよ～」と嘆いているかもしれませんね。

でも、不安になる必要はありません。労働人口が減少するということは、企業はこれまで以上に働き手を欲しているということになります。また、面接官が根掘り葉掘り質問をするということは、あなたのことをもっと知りたいと思っているということなのです。

社会は多様化の時代です。さまざまな働き方があり、それを企業側も受け入れていく方向にあります。だからこそ、どんな事情があり、どんな働き方を希望しているかを伝えるのです。もちろん、自分の都合だけを伝える人は採用されません。面接官と対話をし、社会も企業もあなたも「三方良し」を考えるのです。

本書にはそんな新しい時代の面接のヒントが満載です。この本を片手に、さぁ、あなたもご自分の未来をクリエイトしましょう。

2023年９月　中園久美子

転職回数が多い、非正規だった……

それでも採用される！ 転職面接の受け方・答え方 ◆ もくじ

第2章

面接で落とされる本当の理由

第3章 「見た目」「話し方」「聴き方」で大きく変わる

第4章 説得力のある「志望動機」を伝える

第5章 上手に伝えたい「あなたのアピールポイント」

第6章

「転職に不利」を「アピールポイント」に転換する

第7章 よくあるちょっと答えにくい質問

第8章 面接までの過ごし方

カバーデザイン★三枝未央
本文DTP★一企画
イラスト★はらまこと

第1章

採用される
転職面接のポイント

これまで、面接に何度チャレンジしても結果につながらなかったという人は、いったい何が問題だったのでしょうか。この章では、結果につなげるための7つのポイントについてまずはお伝えしたいと思います。

1-1 新卒採用との違いを認識する

中途採用で求められるもの

採用は、大きく新卒採用と中途採用に分かれます。新卒採用は、基本的には学校を卒業して初めて社会で働く人を採用します。また、最近は卒業後３年までを「第二新卒」といって新卒扱いとする企業も増えてきました。

つまり、新卒採用とは、社会人経験がほとんどない人を採用することを指します。社会人経験がないため、即戦力としてはそれほど期待していません。

今後、経験を積んでいくことで、どれだけ会社に貢献してくれるかといった、期待値や貢献度を求められます。

一方、中途採用はすでに社会で働いた経験を持ち、卒業後３年以上経過した人を採用します。社会人経験、つまりこれまで働いてきた経験が重視されます。

即戦力につながる経験はなにか、どのようなスキルを持っているか、仕事に対する貢献度はもちろんのこと、ビジネスマナーやヒューマンスキルも当然身につけている人が求められます。

企業が中途採用をする場合、さまざまなものを身につけている人材を採用します。ただ、そのことは企業にとってもあなたにとってもデメリットになる場合があります。

前職で身につけた企業風土や文化、自分なりの働き方や考え方が、次の企業でなじめば問題はないのですが、それがあるからなじめないといったことも考えられます。そのため、お互いが不幸にならないために、面接官はそのあたりについても吟味をします。

面接官が中途採用において応募者に期待することと懸念していることについて、以下にまとめてみました。期待するポイントについては大いにアピールし、懸念するポイントについては質問に答えられるよう準備をしておきましょう。

●面接官が中途採用で気にかけるポイント

期待するポイント	懸念するポイント
・即戦力になるか ・どのような経験をしているか ・どのような知識やスキルがあるか ・コミュニケーション力はあるか ・ビジネスマナーは身についているか	・企業文化になじめないのではないか ・周囲とうまくやれるのかどうか ・仕事のやり方にこだわるのではないか ・給料に不満が出るのではないか ・すぐに転職してしまうのではないか

転職面接のお悩みQ&A

「面接ではいつも緊張してしまいます」

そうですよね。緊張してしまうのは無理もありません。「本番は練習のように、練習は本番のように」という言葉があります。練習時は全力で本番さながらに練習をします。そして本番は肩の力を抜いて「自分らしさ」を自然体で表すのです。

具体的には、漸進的筋弛緩法（ぜんしんてききんしかんほう）という方法で肩の力を抜きます。肩をぎゅーっと上げて力を入れ、ストンと肩の力を抜いて腕を下ろします。これを何度か繰り返すと、ほら力が抜けてきたでしょう。

それから深呼吸をすること。緊張すると私たちはいつのまにか息を止めていたりします。「3秒で吸って7秒で吐く」の深呼吸を普段からやっておくことで、当日も慌てずに落ち着きを取り戻すことができますよ。

1-2 企業があなたに期待することを理解する

面接官はあなたに大いに期待を寄せています。ここでは、年齢別にどんなことに期待しているか、お伝えしましょう。

【20代に期待すること】

20代に期待することは、なんといっても「中長期的な即戦力になること」です。ここで重要なのは、「中長期的視点」であるということ。そのためにも将来の見通しや、この企業をどのように変えていくのかといった主体的な考え方を問われます。

また、将来のリーダーや管理職候補になれる人材であることを面接官は期待しています。あなたの考えるリーダー像といったものも整理しておきましょう。

20代といっても新卒や第二新卒にはない社会人経験をどれだけアピールできるかが肝になります。ビジネスマナーはもちろんのこと、周囲と和やかにコミュニケーションをとれるかどうかも期待されています。

【30代に期待すること】

30代になると、その年齢までに積み上げてきた経験や知識、スキルなどが求められます。また、部下の指導や育成といったマネジメント経験も求められる傾向にあります。

社会人経験はすでに10年以上ありますので、それらの経験をどのようにアピールするのかが、腕の見せ所です。企業が求める人物像、期待値をリサーチするのは当然のこと、期待以上の経験をしっかりアピールしましょう。

かつて「転職は35歳まで」といった風潮がありました。現在は、35歳のみならず40代、50代の転職も増えています。そう考えると、30代はまだまだ若手。30代としてのポテンシャルも求められているといってよいでしょう。

【40代に期待すること】

今の時代、40代で転職する人は少なくありません。しかし、その転職活動はかなり厳しいといってよいでしょう。そんななか、40代で採用される人に共通することとして、経験や知識、スキルはもちろんのこと、人間性や適応力、柔軟性といったことが重要視されます。

例えば、新しい会社で自分の子供と同じ年齢の上司の下につくということもあります。あなたはそのことを抵抗なく受け入れられるでしょうか。せっかくさまざまな経験や知識を持っていても、そのプライドが、実は転職活動を阻んでいることも多いのです。

時代は刻々と変化しています。新たな時代に合わせて、新たなスキルも身につけなければなりません。たゆまぬ努力、未知のものへの好奇心……40代に求められるのは、これまで培ってきたものよりも、これから先の仕事に対する姿勢かもしれませんね。

【50代以上に期待すること】

50代といえば、早期退職優遇制度などを活用し、転職をする人もいることでしょう。しかし、転職をしたからといっても、その会社で働ける期間はそう長くはありません。転職者のなかには「年金が出るまでは辛抱しよう」と考えている人もいるのではないでしょうか。

40代以上に転職活動は厳しいと考えられます。とはいえ、これまで培ってきた経験や人脈を活かさないのはもったいない。自分のこれまでの経験を棚卸し、使えるスキルを整理する必要があります。

そのうえで、会社のみならず社会のため、未来のために、残された職業人生をどう生きるのか。主役ではなく脇役に徹する。50代には、若手の育成や組織のためにどのように貢献できるのかを期待しているといってよいでしょう。

1-3 企業研究は抜かりなく

なぜこの会社なのか

あなたは、応募する企業についてどれだけ調べているでしょうか。企業の規模、従業員数、事業所数、主要な業務、会社の理念、取引先はどうかといったことなど、会社のホームページを見るだけでも多くの情報を得ることができます。

ただ、これらの情報を表面的に収集しているだけでは、企業研究とはいえません。これらの情報から、「この会社は社会にどのような貢献をしているか」「10年後、20年後はどのようになっているか」「環境にはどのような影響があるか」「世の中の課題をどこまで解決できるのか」と、自分なりに想像しながら情報収集をすることが必要です。

また、「自分はこの会社でどのようなことをやりたいか」「この会社に私が入るとどのような影響を与えそうか」「この会社は私にどんな影響を与えそうか」と、自分軸で未来を考えることも大切です。

さらには、これまでの経験をまったく違う業界で活かせる可能性もあるわけです。時代にあわせて新たな産業も躍進しています。どのような業界があるのか、あらためて企業研究を「抜かりなく」行いましょう。

『「会社四季報」業界地図』（東洋経済新報社）には、日本のさまざまな業界がわかりやすく掲載されています。自分の興味ある業界はなにか、これまでの経験を活かせる産業はなにか、将来性のある産業はなにかといったことを俯瞰して考えることができます。

ここでは「業界地図」を参考に、ざっくりと業界を分類してみました。詳細は同書をご覧ください。

●業界の分類

自動車・機械	自動車・タイヤ・産業機械・造船・航空機産業・ロボット
エレクトロニクス	電子部品・AI・スマートフォン・パソコン・医療機器
情報通信・インターネット	EC・テレワーク・サイバーセキュリティ・クラウド
資源・エネルギー・素材	電力・ガス・鉄鋼・化学・石油・繊維・パルプ・ガラス
金融・法人サービス	メガバンク・暗号資産・生命保険・人材サービス
食品・農業	加工食品・食材・スマート農業・漁業・水産・たばこ
薬・生活用品・嗜好品	医薬品・化粧品・バイオ・文房具・玩具・時計・宝飾品
娯楽・エンタメ・メディア	ゲーム・アニメ・映画・音楽・出版・スポーツ・動画
建設・不動産	建設・不動産・マンション・リフォーム・シェアオフィス
運輸・物流	空運・海運・物流・鉄道・倉庫・物流施設
流通・外食	コンビニエンスストア・テレビ通販・百貨店・ファミレス
生活・公共サービス	教育・学習塾・介護・病院・育児・警備・防衛・宗教

『「会社四季報」業界地図　2023年版』参照

なぜこの仕事なのか

いま、働き方はメンバーシップ型からジョブ型にシフトしつつあります。メンバーシップ型の働き方では、会社に「就社」し、ジョブローテーションといって、社内でさまざまな職種を経験する機会がありました。

しかしこれからは、ジョブ型雇用が主流になると予想されます。ひとつの仕事に専門性をもち、「就職」するということです。そのような状況に慌てないためにも、今後はどのような職業に就きたいのか整理しておきましょう。

過去の経験を活かした仕事を希望する場合、最近のトレンドも押さえておく必要があります。いまやデジタル革新が進み、同じ職種でも使用するツールややり方がまったく違う場合もあります。もはや「経験があるから」では通用しない時代になっています。

「自分の強みはなにか」「それはどのような仕事に活かせそうか」など、これまで以上に経験の棚卸や自己理解が重要視されます。新たな仕事へチャレンジする、これまでの経験を活かす、のいずれの選択も、「なぜこの仕事なのか」を自問自答し、きちんと答えられるよう準備をしておきましょう。

厚生労働省の提供している「job tag」（https://shigoto.mhlw.go.jp/User/）というサイトをご存じでしょうか。さまざまな職業についてリサーチできるサイトです。ひとつの業務について具体的に細かく書かれているのが特徴です。

例えば、事務業務の場合、電話対応、受付、データ入力などといった詳細が書かれています。このように、企業研究だけでなく、職業研究も抜かりなくやっておきましょう。

1-4 人柄が伝わる「見た目」にする

対面面接は「見た目」でもアピールできる

「対面の面接は緊張するから、オンライン面接だと気がラク～」とよく聞きます。それはどうしてなのでしょうか。

対面だと企業先に赴かなければなりません。また、360度身体全体を見られます。オンライン面接では下半身は映りません。動作も頭を少し下げるぐらいですので、確かにラクかもしれません。

しかし、ラクということはそれだけアピールができないとも考えられます。面接官は、第一印象でどんな人かを想像します。全身のスタイルから元気の良さや親しみやすさ、ドアを開け閉めする動作から、丁寧さや落ち着きの度合いなどが伝わります。

そう考えると対面面接は、言葉にできない部分をアピールできるともいえるのです。

では、「見た目」は具体的にはどのような要素で構成されているでしょうか。髪型、表情、姿勢、動作、服装、持ち物から私たちは相手の印象を受け取ります。

「見た目」を整えるのは相手へのマナーです。ビジネスマナーを身につけていることを全身でアピールしましょう。詳しくは第３章でお伝えします。

●「見た目」の要素

髪型	その人らしさが表れます。面接の場にふさわしい髪型で臨みましょう。
表情	いまのあなたの感情が表れます。面接の場で「笑顔」は必須です。
姿勢	丁寧さや真面目さが表れます。正しい姿勢と丁寧な所作を身につけましょう。
動作	歩いたり座ったりする姿は意外と目につくものです。キビキビと元気よく、また落ち着いた動作で行いましょう。
服装	ビジネスマナーを身につけているかどうかが表れます。その場にふさわしい服装をしましょう。
持ち物	普段の生活スタイルが表れます。くたびれ感のないシンプルでビジネスライクなものを持参しましょう。

1-5 印象の良い「話し方」を身につける

「話し方」で伝わる印象が変わる

見た目が整ったら次は「話し方」です。面接でよくある例として、「声が小さくて聞こえづらい」「早口で何を言っているかよくわからない」「覚えた内容を一本調子で話しているから伝わらない」などがあります。

声が小さいと消極的な印象を与えてしまい、早口だとせっかちな印象を与えてしまいます。また、一本調子で抑揚のない話し方は、暗記していることをそのまま話しているだけのように感じられてしまいます。

このように、見た目を整え、話す内容を準備していても、話し方が残念だと良い印象は伝わりません。

最近はマスクをつけているため、さらに聞き取りづらい状況です。マスクをつけて話すときは、大きめの声を出し、滑舌を良くするなど意識しましょう。

話し方を面接のときだけ変えることは難しいものです。普段から印象の良い話し方を身につけておきましょう。

印象の良い話し方とは、声が明るく響き、聞き取りやすくて心地よく、感情豊かな表現力のある話し方です。良い話し方の要素とは、声のトーン、声の高低、声の大小、話すスピード、抑揚、滑舌の良さになります。詳しくは第３章でお伝えします。

●印象の良い「話し方」

声のトーン	もともと持っている自分の声は個性ともいえます。自分の声の特徴を自覚し、より良い印象になるよう工夫しましょう。
声の高低	一般的には少し高めの声が聞き取りやすいといわれます。普段、声が低い人は、意識して高めに話してみましょう。
声の大小	やや大きめを意識しましょう。大きすぎるのはひんしゅくを買います。適度な声の大きさを普段から確認しておきましょう。
話すスピード	一般的なスピードはアナウンサーの話すスピードをお手本としましょう。ただ、対話の場合、相手のスピードに合わせるのが鉄則です。
抑揚	覚えたことを話そうとすると抑揚のない話し方になりがちです。声のトーンやスピード、調子を上げ下げするなど、表情豊かに話しましょう。
滑舌	マスクをずっとつけていると滑舌が途端に悪くなります。滑舌を良くする練習を行い、聞き取りやすい話し方を心掛けましょう。

1-6 説得力のある「内容」を構成する

どう伝えるのか

「見た目」「話し方」で第一印象をバッチリ決めたとしても、肝心の内容がスカスカでは意味がありません。面接官の求める内容をわかりやすく伝えることが大切です。

では、「わかりやすく」とは、いったいどのように伝えればよいのでしょうか。「論理的に伝える」「客観的に述べる」「要約して伝える」「感情に訴える」、ここではこれら4つの視点に基づいて「わかりやすく」とはどのように伝えればよいのか整理しておきます。第4章から第6章でご紹介する応答例は、以下のことをベースに組み立てられています。参考にしてください。

●わかりやすい伝え方

論理的に伝える	論理的とは、まずは質問に対するあなたの答えを「結論」として伝え、なぜそういえるのか「根拠」を添えます。つまり、論理的に伝えるとは結論と根拠を伝えるということです。
客観的に述べる	自分のことを話すときは、どうしても主観的になります。自身の経験を過大評価したり過小評価したりするなど、主観は事実からブレがちです。そのため、周囲からの評価、実績、役職、報奨といった客観的事実を伝えることが、あなたを正しく伝えることになります。
要約して伝える	自分のことをしっかり伝えようとして、つい話が長くなってしまうことはありませんか。面接時間は思っている以上に短いものです。そのため、短い言葉に要約して伝えることが大切です。また、一番伝えたいことはなにかを整理し、優先順位が高い内容から伝えましょう。
感情に訴える	論理的な伝え方を身につけると、私たちはつい事柄ばかりを伝えてしまいます。しかし、それでは人間性やあなたらしさが伝わりづらくなります。嬉しかったこと、悔しかったことなど、感情にこそあなたらしさが表れます。伝える内容によって、面接官の感情に訴えるよう工夫しましょう。

1-7 面接官と対話をする

面接官と対話をしていますか

面接は、面接官の質問に対して答えるものだと思ってはいませんか？その通りなのですが、実は面接官はあなたと対話をしたいと思っています。

対話とは、お互いの立場や意見を理解し合い、ズレをすり合わせることを目的としています。つまり、それぞれの意見を述べ合う場であるともいえるのです。

とはいえ、そうではない面接官に遭遇した人もきっと多いことでしょう。しかし、これからは労働者が激減していく時代に突入します。面接官側もこれまでのような面接をしていると、応募者の良さを見いだせないかもしれません。応募者に企業の実情を理解してもらうこともできません。

そのため、面接官もいままでの質疑応答スタイルから、対話型に進化する必要があります。それを受けて、応募者側も面接官としっかり対話をする必要があるのです。

そうはいっても面接される側ですので、そのようにできないこともあるでしょう。あなたに大事にしてほしいのは「対等に」「自分らしく」ということです。

あなたが採用されるためには、会社のことはもちろん考えながら、自分の意見もしっかり伝えるということです。会社側の無理な条件をのんだり、採用されたいがために自分じゃない自分を取り繕ったりしないということです。そのような無理は、いずれ破綻します。

よほどのブラック企業でない限り、面接官はあなたがうちの会社で働くことが幸せかどうかを、本気で考えています。これからの面接は、あなたの主体的な考え方や生き方を伝えることが求められているともいえるのです。

面接官を「受容」する

面接の場を対話の場にするために、とっておきの方法があります。それは「受容」という姿勢です。受容とは受け入れること、取り入れることです。

面接の場ですから、あなたにとっていやな質問、答えづらい質問もあることでしょう。そんなとき、露骨にいやな顔をしたり、「わかりません」と突っぱねたり、沈黙したりといったこと、これまでなかったでしょうか。

そんなときこそ「受容」です。面接官の質問を受け入れるのです。「一般的にそう見られるのは無理もないかもしれません」「○○について聞きたいということですね」「少しお時間をいただいてもよろしいでしょうか」、これらは面接官の質問を私は受け入れましたと伝えるセリフです。

あなたにとって受け入れがたい質問も、こうして言葉にするだけで、あなたも落ち着きを取り戻し、社会人として「対話」を始めることができるのではないでしょうか。

ただ、ハラスメントまがいの質問や人権を損なうような質問には、きっぱりとNOを伝えましょう。

第2章

面接で落とされる本当の理由

私はこれまで、高校生や大学生、20代から60代の方向けに模擬面接を行ってきました。その際、多くの方がよかれと思ってやっている、「やってはいけないパターン」をよく見かけます。そのような誤解はなぜ起きるのか、どうすれば採用につながるのか、第２章ではそのあたりを具体的にお伝えいたします。

2-1 正しいビジネスマナーを身につけていないから

ビジネスマナーとはなにか

「ビジネスマナー」とはいったいなんでしょうか。一般的には、仕事をする際に必要な、相手への心配りや配慮、礼儀作法のことをいいます。ビジネスマナーは、仕事をスムーズに行うために必要不可欠なものといえます。

もっといえば、コミュニケーションということもできます。このコミュニケーションとは、人と人が言葉を交わし合い、意思疎通をするためには欠かせないものです。

そのため、面接の場では、応募者が経験やスキルを身につけている以前に、そもそもコミュニケーション能力を身につけているかどうかが問われるのです。

ビジネスマナーを身につけるには2つのことが必要です。ひとつめが「正しいビジネスマナーを知る」ということ。正しい姿勢やお辞儀、挨拶のしかたを知らなければ、行動に移すこともできません。

ふたつめは「練習をする」ということ。ビジネスマナーは知っているだけでは意味がありません。それを体現しなければビジネスマナーが身についているとはいえないのです。

「正しいビジネスマナーを知り、日々練習をする」だけで、私たちは「仕事ができる人」といった印象を手に入れることができるのです。

正しいビジネスマナーを身につける

模擬面接の場で、「正しいビジネスマナーを身につけていない」人は少なくありません。「正しいビジネスマナーを身につけていない」とは、お辞儀や挨拶をなんとなくやっているため、本人はできているつもりでも、はたから見るとぞんざいな印象しか伝わってこないことをここではいっています。

例えば、お辞儀には「会釈」と「敬礼」と「最敬礼」があります。面接では主に「会釈」と「敬礼」をしますが、それらがごっちゃになってしまい、敬礼の場面で会釈をしてしまう人が多いのが現状です。

敬礼は腰から30度に体を曲げることをいいます。正確に30度に曲げなさいと言っているのではなく、腰から曲げるのが正しい敬礼になります。ところが、腰を曲げたつもりが、背中が丸まってしまい、あるいは頭だけコクンと下げているだけの人も多いのです。

鏡を見ながら、また周囲の人に見てもらいながら修正をしてはじめて正しい敬礼が身につきます。マニュアルを読んで身につけたつもりにならず、正しいビジネスマナーを身につけましょう。

日々練習を積み重ねる

「自分はビジネスマナーをちゃんと理解しているから練習しなくても大丈夫」という人は非常に多いです。最近はYouTubeなどでも正しいお辞儀の仕方を知ることができます。しかし、見ただけで知ったかぶりになって練習をしない人は大変危険です。

面接の場ではお辞儀の前に「失礼いたします」や「よろしくお願いいたします」といった挨拶を口にします。これらも実際に声に出してみなければ、いざというとき言葉が出てきません。また、たとえ声に出したとしても、その声が小さければ届きません。

つまり、日々練習をしなければいつまでたってもビジネスマナーは身につかないのです。ビジネスマナーを練習することは、面接対策だけでなく、普段の仕事でも大いに役立ちます。筋トレと思って毎日練習を続けましょう。

私がご提案する練習は「ついで」の練習です。あなたは1日何回トイレに入りますか？　トイレに入るタイミングでドアを開け、お辞儀をすると、ほらもう練習ができたでしょう。練習とは日々の生活のなかで「意識をする」ということです。意識をしながらドアの開け閉めをするだけで、ビジネスマナーが身につきますよ。

「ついで」の練習ですから、毎回お辞儀や挨拶をしなきゃいけないと思わなくても大丈夫です。そんなことをやっていたら、おちおちトイレにもいけませんよね。毎回できないときは1日1回でもOK。また、お辞儀だけでもいいし、挨拶だけでもかまいません。最低限「1日1回敬礼をする」と決めたら、手帳にトライした数を書いておきましょう。

そのうえで、余裕があるときは挨拶を加えたり、数を増やしたりすればよいのです。面接のときだけなにか特別なことをするわけではありません。日頃から習慣にしておけば、慌てることはないですよ。

新しい習慣を身につけるために、まずは1週間頑張ります。この1週間目がちょっとしんどい。でも2週間目になると体も慣れ、数もこなせるようになります。そして3週間目にはきっと、あなたの変化に周りの人が気づき、ほめてくれることでしょう。

そうなってくると、さらにモチベーションも上がりますよね。さあ、周囲の驚きを楽しみに、「1日1お辞儀」から始めてみませんか。

2-2 面接の練習だけをしているから

普段から意識することが大切

さきほど、ビジネスマナーは仕事をするうえでとても大切とお伝えしました。面接の場ではビジネスマナーが身についているかを見られているともお伝えしました。とはいえ、「面接の場だけ」できていても、ビジネスマナーが身についているとはいえません。

面接は、その企業とコンタクトを取ったところからすでに始まっています。というより、もっと手前のハローワークやエージェント会社と関わるところからビジネスマナーは活用するべきです。

ビジネスマナーは、仕事を円滑にするための相手への心配りや作法だと言いましたよね。あなたの採用に関わるすべての人に心配りをすることが、採用につながるのです。

また、面接当日までに、企業へコンタクトする場合があります。担当者へのメールは迅速かつ丁寧に出しているでしょうか。メールのやり取りからも、仕事が早いかどうか、ビジネスマナーはあるかを見られています。

担当者へ電話をする際、忙しくない時間を見計らい、要件を手短に話し、大事なことを復唱するなどできているでしょうか。どんな仕事でも電話対応は基本です。相手への心配りやスムーズな対応を心掛けましょう。

面接当日、面接官以外の人にも会うことでしょう。受付の人、案内をしてくれる人、面接とは直接関係ないが社内ですれ違う人、お掃除をする人、業者の人など。そういった人々は、あなたが採用されたら一緒に仕事をする人です。丁寧な対応を心掛けましょう。

最後に、最寄りの駅、近くのコンビニエンスストアやカフェなどに入った場合も気を抜かず、「見られている」という意識をもって振る舞いましょう。ビジネスマナーはあなたを「仕事ができる人」へと格上げしてくれます。どんなときもあなたの側において有効に活用しましょう。

面接を上手に乗り切るためには、面接時の質疑応答が上手にできることはもちろんですが、いまこの瞬間からすでに始まっていることを肝に銘じ、日々頑張りましょう。

転職面接のお悩みQ&A

「退職理由を言うとき、つい恨みがましい言い方になってしまいます」

職務経歴書に「退職理由を書きたい」という人がいます。その退職にご自身が納得できていないからのようです。確かに、自分の思いとは裏腹に「やりたくない仕事をさせられた」「ハラスメントを受けた」「残業が多かった」といった不満は誰かに聞いてもらいたいですよね。でも、それを面接官に伝えても逆効果です。

嫌な思いをしたのであれば、その経験から得た気づきや学びを志望理由に変えるのです。嫌な思いをしたということは、そこに大事にしたいものがあったはず。あなたは何を大事にしていましたか。「やりたい仕事を続けたかった」「人間関係を大事にしたかった」「家族との時間を大事にしたかった」それが本当の退職理由なのではないでしょうか。

また、退職理由を言うときは「あっけらかん」と言いましょう。「あっけらかん」とは何も気にせず、ケロリとしているさまのことをいいます。ネガティブな話も「あっけらかん」と伝えることで、「大した問題ではない」「もう乗り越えましたよ」といった印象を伝えられるのではないでしょうか。

2-3 自信がなく遠慮がちだから

謙虚と遠慮はまったく違う

面接の場は、自分のことをプレゼンする場です。自信過剰はいけませんが、かといって遠慮がちに振る舞っていては期待する結果を出せません。謙虚に振る舞ったつもりがうまく結果につながらない人は、もしかしたら遠慮と謙虚を混同してはいないでしょうか。

そもそも謙虚とは、「自分のことを偉いと思わないさま」「自分の能力や地位などに奢ることなく素直な態度で人に接するさま」のことをいいます。

自分に強みがあるならありのまま堂々と伝えればよいのです。自分のスキルや経験を過大評価、過小評価せず、面接官の知りたい内容を伝えればよいのです。過去の地位に至っては、そのことを高らかに言う必要はありません。面接官が知りたいことをありのままに伝えるのが「謙虚」な姿勢なのです。

一方、遠慮とは「他人に対して言葉や行動を控えめにすること」あるいは「事情や状況を考えて辞退をしたり断ったりすること」をいいます。

冒頭にお伝えしたように、面接の場は自分で自分をアピールしなければなりません。「口下手だから」「恥ずかしがり屋だから」といって面接官の知りたいことを言葉にできない、普段の自分をアピールできないのは、面接の場では通用しません。

このようにあらためて意味を整理すると、謙虚と遠慮はまったく違うことがわかります。面接の場では遠慮せず謙虚に振る舞うことを心掛けましょう。

ありのままの自分をアピールする

では、「ありのままの自分」をどのようにアピールすればよいのでしょうか。この、「ありのままの自分」という言葉は意外とやっかいです。

応募者の中には、ありのままの自分を伝えると採用されないと思うがあまり、本当の自分じゃない自分をアピールする人がいます。しかし、たとえそれで採用されたとしても、自分じゃない自分で働き続けるのは限界があります。

一方、ありのままの自分を伝えるのがよいと思ったため「御社に入ったら３年後はステップアップして別の会社に転職する予定です」と言った人がいました。これは、ありのままというより本音です。

それを言われた面接官がどのように思うか、想像力が働いていません。採用したら、その人には定年まで長く働いてほしい、会社に貢献してほしいと面接官は願っているわけですから、「３年後には転職します」と言う人は採用されるはずがありません。

「ありのまま」とは自分らしさ、自分の個性、自分の強みやスキル、独特の経験などをいいます。会社にはその会社独自の採用されるコンピテンシー（優れた成果を創出する個人の能力・行動特性のこと）があります。そのコンピテンシーに近い言葉を使いながら、あなたらしさを伝えることが大切です。

自信をつける

面接で自信満々のドヤ顔でいたら、ひんしゅくを買いますよね。一方で、自信がないと「自分なんてきっとダメだ」と、受かりたい気持ちとは裏腹に遠慮をしてしまいます。そうならないためにも、自信をつけることは必要です。では、自信はどうすればつけることができるのでしょうか。

面接の場に限っていえばとてもシンプルです。「ありのままの自分を整理し、日々それを伝える練習をする」です。「いつかそうなれたらいい自分」や「この会社が欲している自分」を演じるのではありません。今の自分はどのように貢献できるのか整理し、そのことをありったけの誠意で伝えます。

伝える練習は毎日します。毎日練習をすることで、「あれだけ練習をしたから大丈夫」と自信を持てるようになるのです。

2-4 質問されたことにだけ答えているから

質問の意図を想像する

面接は面接官の質問に答える場ですが、質問されたことにだけ答えている人がいます。

例えば「あなたの強みはなんですか」という質問に対し、「はい、私の強みは心配りです。以上です」といった具合に。確かに質問の答えにはなってはいますが、これだとあなたの良さは伝わりません。面接官が求めている、知ろうとしている「意図」を想像しながら答えましょう。

PREP法というのをご存じでしょうか。相手に自分の話をわかりやすく伝える方法のひとつです。「結論⇒理由⇒事例⇒結論」の流れで話を構成します。

毎回、几帳面にこの構成で話をする必要はありませんが、結論だけを伝えるのではなく、理由や事例についても話す準備をしておくと、ツッコミ質問がきても安心です。

最後にもう一度「結論」を繰り返すのがPREP法の基本ですが、面接の場においては、その「結論」部分をどのように活かすのか、言えるとよいでしょう。

「その強みをどのように活かすのか」「その経験をどのように活かすのか」「その志望動機があるからどのように働くといえるのか」ということです。つまり、面接の場では「結論⇒理由⇒事例⇒活かし方」となります。

なお、PREP法にとらわれすぎて、話が長くならないように気をつけましょう。ひとつの質問に対する応答の時間は30秒程度が妥当でしょう。なお、本書に記載している応答事例は、このフレームをベースとしています。

●答え方のフレーム

「あなたの強みについてお聞かせください」	
結論	はい、私の強みは周囲への心配りができることです。
理由	心配りをすることで、お互い気持ちよくスムーズに仕事をすることができるからです。
事例	特に電話対応では、お客様の話を整理してメモを取り要約してお伝えすることを心掛けています。また、忙しい営業の人にもわかりやすく伝わるよう、５Ｗ１Ｈでメモをまとめることも意識をしています。
活かし方	この心配りという強みを活かすことで、現場の皆さまがスムーズに業務を進めることができ、ミスも防げると考えます。

2-5 自分のことだけ話しているから

周囲の人の話を入れてリアルなエピソードに

「面接なんだから自分のことだけ話すのが当たり前じゃないの？」と思った方いらっしゃいませんか。確かに経験やスキル、知識の豊富さなど自分のことをできるだけ多く伝えるのが面接の場です。

ただ、そのような経験をしたりスキルを身につけたりしたのは、あなただけが頑張ったからなのでしょうか。きっとこれまで多くの人の支えがあったからなのではないでしょうか。職場の先輩や同僚、話を聴いてくれた上司、クレームの多かったお客様、お付き合いいただいた関連会社の人々、お弁当屋の優しい店員さん、配達のお兄さん、頼りがいのある警備の人など……。

面接の場で自分のことを話すとき、忘れてはならないのは、あなたをここまで陰ながら支えてくれた人たちのことです。そういった人たちとのエピソードを交えて伝えることで、あなたがこれからも周りの人たちを大切にする人だと伝わります。周りの人とともに成長する人だとわかります。そして、周りの人を支える人だと期待するのです。

では、どのようにしてそのことを伝えればよいのでしょうか。いくつか例を示しますので、ご自分でどのように伝えたらよいか工夫してみてください。そうすることで、あなたの本当に伝えたいことを、リアル感をもって伝えることができるでしょう。

● 「あなたの強みを教えてください」に対して

「はい、私の強みは周囲への心配りができることです。特に電話対応では、お客様にご迷惑をかけないことはもちろんですが、忙しい営業の人にわかりやすく伝えられるよう、端的にメモをまとめることも意識をしています」

周囲の人を入れてみると

「はい、私の強みは周囲への心配りができることです。前職の先輩から周囲に心配りをすることが仕事を円滑にすることだと教えられました。特に電話対応では、お客様にご迷惑をかけないことはもちろんですが、忙しい営業の人にわかりやすく伝えられるよう、端的にメモをまとめることも意識をしています」

● 「困難を克服したエピソードを教えてください」に対して

「はい、以前担当していたヨーグルトの発注を１ケタ間違えて多く発注したときがありました。ですが、各店舗に電話でお詫びをしたり、近くの店舗の店頭に立って自ら販売をしたりすることで、在庫をすべて賞味期限内に売ることができました」

周囲の人を入れてみると

「はい、以前担当していたヨーグルトの発注を１ケタ間違えて多く発注しました。ですが、各店舗のパートの方にも事情を話して、精力的に売ってもらいました。私自身も店頭販売に参加させていただき、店舗全員が一丸となって無事、すべて賞味期限内に売ることができました。これもひとえに現場の皆様のおかげです」

いかがでしょうか。表現にちょっとした工夫を凝らすことで、今までのエピソードも温かい雰囲気になりませんか。人と人が支え合い協力し合う姿勢はどんな仕事においても重要です。このような心温まるエピソードを時折交えながら、あなたらしさを伝えましょう。

2-6 丸暗記で話しているから

丸暗記は危険

あなたは面接に臨むとき、おそらく十分に準備を重ねていることでしょう。自分の経験を棚卸し、自分の何を伝えればよいか整理をしていることでしょう。また、質問にどのように答えればよいのか対策を練り、練習もしているに違いありません。にもかかわらず、あなたのそんな努力が一気に伝わらなくなるのが「丸暗記で話す」ということです。

これまでの面接で、答えるべき内容をきっちりと覚え、面接の場で一字一句間違えないように話をしてはいなかったでしょうか。忘れないようにすべてを紙に書き、何度も繰り返し覚えたことを冒頭から話す練習をしてはいなかったでしょうか。

この丸暗記はとても危険です。なぜなら、丸暗記をしていることしか伝わらないからです。1－7（26ページ）で「面接官と対話をしましょう」とお伝えしました。丸暗記したものを伝えることを対話とはいいません。

暗記したことを話すとき、人はどのように話しているかご存じでしょうか。多くの人が、抑揚がなく棒読みになっているのです。また、視線は無意識に天井の片隅に向けるといった具合になってしまいます。そのため、面接官は「あっ、丸暗記しているな」といった印象を受け取り、話の内容が入らない状況になってしまうのです。

そして、あなたのことを理解しようと、面接官はその答えを掘り下げるツッコミ質問をしてきます。覚えてきたものを話せた安心感で油断していると、ツッコミ質問で途端に答えられなくなってしまいます。面接官と良好に対話をするためにも、丸暗記だけはやめましょう。

キーワード暗記が効果的

では、丸暗記をしない代わりにどのような準備をすればよいのでしょうか。それは、伝えたいキーワードを覚えるということです。伝えたいことをキーワードで書き、それらを連結して文章を作るという練習を繰り返します。

例えば「あなたの強みはなんですか」と問われたとき、紙に「心配り」とまず書きます。次に理由を伝えたいですから「先輩に教わった」「心配りをすることで喜んでもらえる」といった自分ならではの理由を書きます。事例についても「わかりやすいようにメモとメールで伝える」や「忙しくない時間を見計らう」とキーワードを書いておきます。これらを見ながら答える練習をするのです。

この練習をすると、毎回違う文章になることでしょう。でも、それで良いのです。大事なことは2つ。絶対に伝えたいキーワードを覚えておくことと、そのキーワードを使って柔軟に話せるように練習をすることです。

想定される質問をカード（162ページ参照）に書き、キーワードを覚え、それを使って話す練習をする。それだけで、自然な対話ができるようになりますよ。

●覚えておきたいキーワード：心配り／先輩に教わった／メモとメール／スムーズ

例１　「はい、私の強みは心配りです。これは以前の職場で先輩から教わりました。例えば、急ぎの内容については付箋紙のメモで伝えるだけでなく、メールでも伝えるようにしています。そうすることでうっかり見ていないといったことが防げるからです。私のこの強みを職場で活かすことで、周囲の人の仕事がよりスムーズになるといった効果が得られると思います」

例２　「はい、私の強みは心配りです。例えば、大事な仕事はメールで伝えるだけでなく付箋紙に書いたメモも机に貼っておくようにしています。そうすることで、見落としがなく仕事がスムーズにできるからです。この心配りは前職の先輩から受け継ぎました。御社に入りましてからも、心配りを活かし、仕事をしていきたいと考えています」

覚えておきたいキーワードをカードに書く際、言葉の要素も書き添えておくとよいですね。例えば、「結論：心配り」「理由：先輩から教わった」「例：メモとメール、忙しくない時間で」「効果：仕事がスムーズになる」としておくことで、自然と文章構成力も身につきますよ。

また、ツッコミ質問にも答えられるように、「それってどういうこと？」「○○って？」とひとりツッコミの練習をし、深みのある答えができるように準備しておくとよいでしょう。

2-7 質問の意図を把握していないから

面接の場で、面接官はさまざまな質問をします。その質問にはどのような意図があるのでしょうか。

「うちの企業文化に合う人かな」「どのような経験、スキルを持っているのだろうか」「どんな仕事観を持っているのかな」「そもそも周りの人と協調性をもって仕事ができるだろうか」など、面接官はその質問に意図をもって投げかけます。

企業には、企業特有のコンピテンシーがあります。その企業に採用されている人の傾向がコンピテンシーともいえます。

面接官は、自社のコンピテンシーにマッチした人を採用したいと思っています。とはいえ、「うちの会社は気配りができる人を採用したいのですが、あなたはできますか」と質問はしません。仮にそういった質問をしても、応募者が採用されるためには「はい、私は気配りができます」と言うしかなく、質問は意味をなしません。

応募者の資質を見極める質問

では、面接官はどのような意図をもってあなたにその質問をしているのでしょうか。同じ質問でも面接官の意図は違います。ここでは、私が面接官だったらどのような意図をもってこのような質問をするのか、いくつか例をあげておきましょう。

●「これまでの辛かった経験を教えてください」

まず、その経験を「辛い」と捉える応募者の捉え方の傾向を観察しています。また、その経験をどのように克服したのか、問題解決能力や周囲を巻き込む力などもみています。

その経験からどのようなことを学んだのか、応募者の前向きな姿勢なども観察しています。

●「希望しない部署に配属されたらどうしますか」

あなたの臨機応変な姿勢を問う質問です。どんな困難も前向きに受け止め、柔軟に適応する人かどうかを見極めています。

応募者自身が自分のキャリアをどのように考えているのか、自身を客観視できる力、応募者のビジョンについても観察しています。

●「あなたは定時で帰らなければいけない事情があり、同僚は残業をしている。どうしますか」

人間関係に関するあなたの傾向をみています。他人に共感する力、気配りがあるかといったところを観察しています。

仕事は一人ではできません。チームワークについてどのように捉えているのかも、追加で聞いてみたいところです。

●「あなたが使ったこともない機器が新たに導入されるとします。あなたはどうしますか」

新しいことへの好奇心があるかどうかを問う質問です。学習意欲があるか、新しいものを積極的に受け入れる柔軟性があるかどうかを観察しています。

●「○○のプロジェクトを任せると言ったら、あなたはどうしますか」

あなたのやる気や意欲といったものを問う質問です。リーダーシップがあるか、協調性をもっているかどうか。

また、追加の質問で、アイデアが豊富か、工夫する力があるか、困難を乗り越える力があるかといったことも聞いてみたいところです。

質問にはさまざまな意図があります。意図を把握していれば、この質問には何を答えればよいのか想像もつきます。とはいえ、面接官に

「その質問の意図はなんですか」と尋ねても答えてはくれません。普段から言葉に含まれる意図を想像することが大切です。意図を把握できるようになれば、コミュニケーション力もアップし、良好な人間関係を作ることにもつながります。

転職面接のお悩み
Q&A

「面接の場で言葉につまったとき、どうすればよいのでしょうか」

面接での応答は一字一句覚えないということは、本文でお伝えした通りです。それでも、キーワードも忘れてしまったということはよくあります。ましてや想定外の質問がきたら言葉につまってしまいますよね。そんなときは、もう一度面接官に質問について聞いてみてはいかがでしょうか。

「恐れ入ります、質問はなんだったでしょうか」。そう尋ねることで、少し考える時間が確保できます。また面接官によっては、もっとわかりやすく質問を変えてくれる場合もあります。

「○○という質問でしょうか」と、自分がその質問をどのように解釈したのか伝えるのもよいですね。言葉にすることで、頭の中も整理ができます。

「少しお時間いただけますか」。このような応答は、社会人として対話をしているということが伝わります。落ち着いた受け答えができていることも伝わりますね。

第3章

「見た目」「話し方」「聴き方」で大きく変わる

面接官はあなたの話を聴き、あなたという人を理解しようとします。しかし、あなたらしさは話をする以前からすでに伝わっています。話をしっかり聴いてもらうためにも、まずは「見た目」「話し方」「聴き方」の正しいフォームを身につけましょう。

3-1 第一印象は最も大切

人と初めて会ったとき、パッと見で「○○な人（かも）」と判断したことはないでしょうか。「そんなことはない。じっくりと話をして判断する」という人もいるかもしれません。でも、実際のところ、現代人は忙しいし、何度もじっくりと会って話をする暇はありません。

ましてや面接の場においては、30分ほどの時間しかありません。そのような短時間で、「あなた」という人がジャッジされます。そう考えると、人の「第一印象」はとても大切だといえるのではないでしょうか。

この「第一印象」ですが、出会ってたったの６秒でジャッジされるともいわれています。６秒というと、ドアを開けて入室し、「失礼いたします」と言って席に座るまで、すでに６秒以上の時間がかかっています。

ドアの開け方は丁寧か、声はハキハキしているか、姿勢はピンと伸びているか、お辞儀はきちんとできているか、歩き方に癖はないか慌てていないか、座るときに無言で座っていないか、座り方はキチンとしているか……いかがでしょうか。

ドアを開けてから椅子に座るまでの間に、あなたの「第一印象」は100％伝わっているのです。こんなふうに見られていると思うと、緊張してぎこちなくなってしまいますよね。だからこそ、あなたの魅力を最初の６秒でしっかりと伝えられるよう、何度も練習をする必要があるのです。

ところで、メラビアンの法則というのをご存じでしょうか。心理学者のメラビアンは、人はコミュニケーションをとるとき、言語・聴覚・視覚の３つの情報から相手を判断していると言っています。加えて、スムーズなコミュニケーションのためには、この３つに矛盾がなく、バランスがとれていることが必要だとも言っています。

この３つの情報が与える影響の度合いは、視覚が55％、聴覚が38％、言語が７％。つまり、第一印象は「見た目」と「話し方」でほぼ決まるといっても過言ではないのです。

●メラビアンの法則

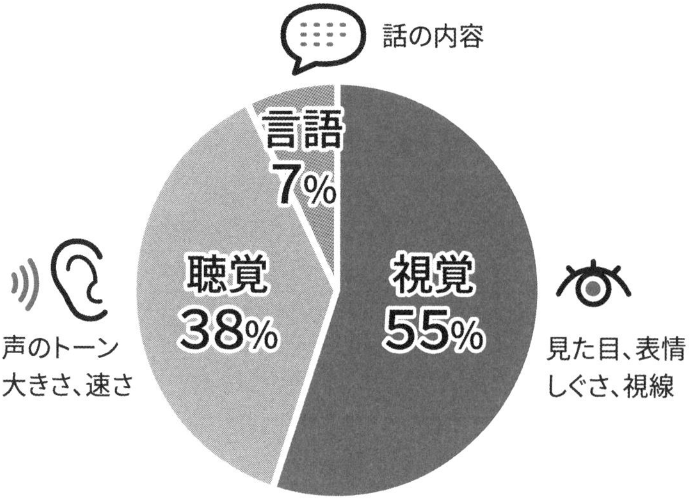

3-2 「見た目」 髪型や服装に気を配る

服装などの見た目はすぐにでも改善できるところです。また、見た目を変えれば、気持ちにもおのずと変化が表れます。まずは、自分の外観から変えてみませんか。

●髪型

髪型や髪の色で大切にしてほしいのは「清潔感」です。髪の色は地毛の色が基本です。明らかに目立つ金髪や銀髪、それ以外のカラフルな色もNGです。

髪型は、サイドは耳にかからないこと、前髪は眉毛にかからないことを意識しましょう。そうなると、短髪、もしくは長い髪の場合は後ろでひとつに結ぶなど、サイドをすっきりさせた状態がベターでしょう。また、前髪は目元を隠さないよう横に流し、落ちてこないようにまとめましょう。

●メイク

清潔感があり明るい印象のメイクを心掛けましょう。女性の場合、薄いメイクが無難です。男性は髭をきちんと剃りましょう。

●アクセサリー・ネイル

アクセサリーはつけないでおきましょう。爪は短く切ってきれいに整えます。ネイルはしないほうが無難です。

●時計・メガネ

社会人にとって時計の着用は必須です。「仕事ができる人」に見せるためにはアナログ時計がおススメです。メガネは、色の入っていないレンズのものを着用します。フレームの色は派手でない落ち着いた色を選びましょう。

●スーツ

どのような職業に応募するにも、面接にはスーツが基本です。黒、濃紺、グレーといった無地のスーツがよいでしょう。スーツ専門店に行き、店員の方に面接用だと伝え、選んでもらうとよいでしょう。スカートの場合、立った状態でひざが隠れるぐらいの丈が、座ったときもバランスがよいでしょう。

●シャツ・ブラウス

スーツのインナーは白が無難です。Yシャツの場合、一般的な襟の形を選びます。女性が着用するブラウスやカットソーは、白、薄いピンクもしくは薄いブルーが無難です。こちらも無地でシンプルなものが顔を引き立てます。おしゃれよりもシンプルで清潔感が伝わるようにしましょう。

●ネクタイ

柄は、レジメンタルタイと呼ばれる斜めのストライプ柄か無地が無難です。色はブルー系が爽やかな印象に映るでしょう。シンプルなプレーンノットやウィンザーノットといった結び方がおすすめです。ネクタイは、結び目がきっちりと結ばれていることがポイントです。面接の直前に、結び目がくずれていないか鏡で確認しておきましょう。

なお、ニット素材のものや極端に細いタイプのネクタイ、ループタイや蝶ネクタイはNGです。

●靴下・ストッキング

靴下はスーツの色に合わせ、黒もしくは紺にするとよいでしょう。ストッキングはナチュラルな肌色が無難です。伝線しやすいので予備を持っておきましょう。

●靴・パンプス

黒のシンプルな革靴が基本です。パンプスの場合、３～５cm程度のヒールがあると姿勢がよく見えます。歩きやすく疲れないタイプのものを選びましょう。靴先は意外と見られています。前日にしっかりと磨いておきましょう。

●バッグ

バッグはスーツの色に合わせると無難です。基本は黒や紺、濃い茶色でもOKです。Ａ４サイズの書類が入るタイプを選びましょう。面接の場でリュックは厳禁。布バッグもスーツには不似合いです。床に置いて自立できるマチがあるバッグを選びましょう。

●コート

寒い冬にはコートを着用することもあります。室内では脱ぐとはいえ、ビジネスで使える色や形状のものが無難です。黒、紺、グレー、キャメルなどの色でシンプルなデザインを選びましょう。マフラーや手袋も地味な色が無難です。建物に入る前にコートは脱ぎ、マフラーや手袋はバッグにしまっておきましょう。

●傘

雨の日は傘も必要ですよね。こちらも色は黒や紺、ベージュなどビジネスで使える色がよいでしょう。派手な色や柄ものは避けましょう。

また、折り畳みの傘を使用し、面接時は傘ケースやジッパー付きポリ袋に入れ、バッグにしまっておくとよいでしょう。面接会場で置き場に困らないし、忘れて帰ることもありません。

メガネのフレームは落ち着いた色に。髭はきちんと剃ろう。
前髪は目元を隠さないように。長い髪は後ろでひとつに結ぼう。
メイクは清潔感と明るい印象を意識して。
黒、濃紺、グレーの無地のスーツに、インナーは白で。
バッグはＡ４サイズの書類が入る、マチがあるものを選ぼう。
時計の着用は必須！
スカートは、立ったときにひざが隠れる丈がちょうど良い。
シンプルな黒の革靴が基本。靴先まで気を配ろう。

3-3 「見た目」 表情や姿勢に気を配る

身につけるものが準備できたら、次は表情です。表情は雄弁にあなたの気持ちを表します。面接の場では常に「笑顔」でいるよう、日頃から鏡を見ながら顔の筋トレをしておきましょう。

笑顔

笑顔がいいとわかっていても、面接の場となるとつい緊張してしまい、顔がこわばってしまいますよね。それでもあなたは笑顔の練習をしなければいけません。なぜなら、他の人が全員素敵な笑顔だったら、そこでもう勝負はついてしまうからです。

コロナ禍ではマスク着用が必須だったため、目元だけ笑顔でもよかったのですが、今後はマスクを外して面接に臨むシーンも増えてきます。口周りの筋力もここ数年で衰えています。老け込まないためにも、日々顔の筋トレを行いましょう。具体的な顔の筋トレは8－4（159ページ）を参考にしてください。

視線

面接会場のドアを開けたら、まずは中央に座っている面接官と目を合わせましょう。凝視するのではなくアイコンタクトをします。

私たちはつい緊張のあまり、相手をじっと見過ぎてしまい、その結果、睨みつけているようになったり、気がつけばボーっと見ていたりしてしまいがちです。アイコンタクトとは、「はじめまして。よろしくお願いいたします」といった気持ちを視線に乗せて届けるということです。

面接官の目を見ようとすると、つい緊張してしまいますが、面接官の鼻や眉毛のあたりを見ると、柔らかい視線になり、見やすくなります。ずっと見続けるのではなく、面接官の顔全体に視線を動かすことで適度に緊張感が抜け、面接官から見ても自然な視線に映りますよ。

緊張のあまり、まばたきを頻繁にする人もいます。まばたきは落ち着きがない、緊張しているといったことが伝わります。日頃から自分の行動を周囲の人に見てもらい、フィードバックを受けましょう。そして、相手に安心感が伝わる視線を身につけましょう。

また、私たちは覚えてきたことを思い出そうとするとき、天井を見上げることがよくあります。自然な動作ですので問題はないのですが、質疑応答のシーンで頻繁に行われると、暗記したことを思い出そうとしていることしか伝わりませんので気をつけましょう。

姿勢・態度

姿勢とは、体の構え方、格好のことをいいます。「背筋をピンと伸ばした姿勢」など見た目がどうであるかをいいます。面接の場にふさわしい姿勢とは「背筋が伸びた姿勢」といえます。

ドアを開けたり、歩いたり立ったりするとき、背筋がピンと伸びている姿は清々しいものがあります。へその下にある丹田を意識し、そこから背骨が順番に積み上がっているイメージを持ちます。その上に頭が乗り、天井に釣り上げられているイメージ。肩の力はストンと抜き、体全体が反り返らずまっすぐな姿勢が良い姿勢です。

座る姿勢も同様です。背筋はぴんとしたまま椅子の背もたれにはもたれません。足がだらしなく開かないよう、膝をつけ、揃えます。これを30分キープするには体幹の強さが必要です。日々、面接で綺麗な姿勢でいるためにも体幹トレーニングをしておきましょう。

態度とは、基本的には姿勢と同じような意味ですが、どちらかというと心の動きが体に表れたときのことをいいます。面接の場では「落ち着いた態度」「丁寧な態度」「清々しい態度」「キビキビとした態度」といった態度が好まれます。反対に、だらしない態度、不遜な態度、オドオドした態度は一瞬で面接官に伝わってしまいます。面接官に好まれる態度とは具体的にどうすればよいのか、周りの人の行動を観察し、自分の行動を振り返りながら、日々修得していきましょう。

3-4 お辞儀や挨拶はビジネスマナーの基本

ここからは「第一印象」の決め手となる、お辞儀や挨拶についてお伝えします。面接会場に到着してからドアを開け椅子に座るまで、面接が終了してから面接会場を出るまで、順を追って解説します。

●到着前

・遅刻は厳禁。余裕をもって会場近くに到着する。
・駅や近くのカフェのトイレで用を済ませ、身だしなみのチェックをしておく。
・面接の流れや担当者名などを確認しておく。

●玄関前

・コートは脱ぎ、畳んで手に持つ。
・携帯電話はサイレントモードにするか電源を切る。
・傘は畳んでバッグにしまう。
・笑顔にスイッチを入れる。

●受付

・「失礼いたします」と言って敬礼をする。
・「本日面接で参りました○○と申します。ご担当の△△様はいらっしゃいますでしょうか」と尋ねる。
※入口に内線電話がある場合は、内線番号を確認し、担当部署につなげ挨拶をしましょう。

●控室

・廊下ですれ違う人には会釈をする。

・控室に案内されたら、静かに着席をして待つ。

●入室

・ノックは3回し、「どうぞ」と言われたらドアを静かに開ける。

・軽く会釈をし、部屋に一歩入り、静かにドアを両手で閉める。

・正しく立ち、面接官の目を見て「失礼いたします」と言い、敬礼をする。

※ここは第一印象を決めるもっとも大切なシーンです。慌てることなく堂々と敬礼をしましょう。

●着席

・椅子のところまで、自然な感じで歩く。

※ちょこちょこ足早に歩いたり、体が左右に大きく揺れたりするといった歩き方になっていないか注意する。

・椅子の横に立ち、鞄は指定されたところに置くか、椅子の横の床にそっと置く。

・「○○と申します。本日はどうぞよろしくお願いいたします」と言って敬礼する。

・着席を勧められたら「失礼いたします」と言って座る。背筋を伸ばし、背もたれにはもたれない。

・男性は、こぶしひとつ分膝を広げ座る。手は軽く握り、太ももの上に置く。

・女性は、膝をつけ足先もきちんと揃える。指先を揃え、スカートの上に重ねて置く。

●面接

・面接官の質問には笑顔で大きくうなずく。
・質問をする面接官に視線を向ける。
・面接官が複数いる場合は、他の面接官にも時折、目を合わせる。
・発言をするときは笑顔で、ハキハキと答えながら対話を心掛ける。

●退席

・面接が終了したら「本日はありがとうございました」「本日はお時間をとっていただきありがとうございました」などと言って会釈をする。
・椅子の横に立ち「失礼いたします」と言って敬礼をする。

●退室

・鞄を持ち、ドアのところまで自然な感じで歩く。
・ドアの前で再度面接官に向かって正しく立ち、「失礼いたします」と言って敬礼をする。
・ドアを静かに開け、部屋から出る。最後に会釈をしてドアを静かに閉める。

●退場

・最後まで気を抜かず玄関まで移動する。コートは建物を出てから着用する。

会釈と敬礼

面接の流れの中に、２つの種類のお辞儀が登場しました。「会釈」と「敬礼」です。

会釈は、廊下などで人とすれ違うときに使います。本来なら一瞬でも立ち止まってするのが礼儀ですが、歩くスピードをゆるめて行ってもかまいません。会釈をする際は、腰から背筋を15度ほど曲げます。

リズムは「いち、に」です。「いち」で腰から背筋を曲げ、「に」で元に戻します。ポイントは頭を下げるのではなく腰から背筋を曲げることです。

一般的にお辞儀をするときは「敬礼」のことをいいます。敬礼をする際は、腰から背筋を30度ほど曲げます。リズムは「いち、に、さん、し」です。「いち」で腰から背筋を曲げ、「に」でそのままキープ、「さん、し」でゆっくりと元に戻します。

男性の場合、両手はズボンの外側の縫い目に沿わせます。女性の場合は、両手を前に軽く重ねると美しいでしょう。

このように、敬礼は会釈と比べて、より丁寧なお辞儀であることがわかります。この２つを使い分けることができると、ビジネスマナーが身についている人だと認識されます。日々の生活の中で習慣化してみましょう。

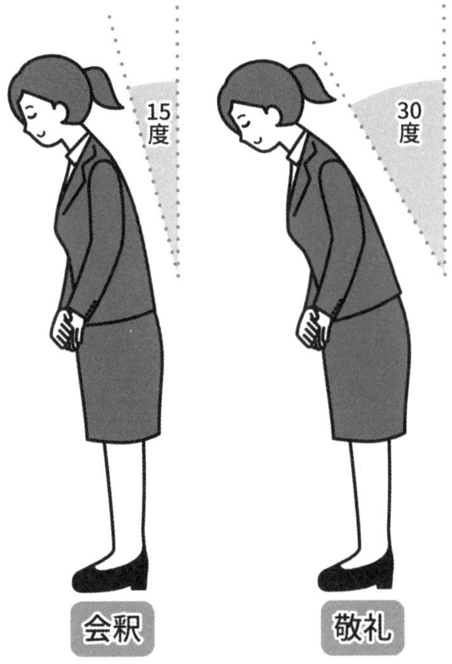

語先後礼（ごせんごれい）

「語先後礼」という言葉をご存じでしょうか。「言葉を先に、お辞儀を後に」という意味です。これは挨拶をする際の動作を表しています。

まず「失礼いたします」など挨拶の言葉を言い、その後に敬礼をするというものです。これを同時にしてしまうと、あなたが発する挨拶の言葉は相手にではなく、床に向かって言っているということになります。

挨拶とお辞儀を同時にするか、別々にするかの違いですが、実はこのような些細な動作に「丁寧さ」というものが表れます。この事実を知ったいまなら、「やるしかないっ」ですよね。

ただ、語先後礼を意識しすぎると、動作がぎこちなくなってしまいます。スムーズにできるよう、普段から実践しましょう。

また、きちんとできなくても、「よし、次こそは頑張ろう」という気持ちで明るく前向きに取り組みましょう。

転職面接のお悩みQ&A

「面接会場が応接室の場合、どんな立ち居振る舞いをしたらいいのか教えてください」

会場に行くと応接室に先に通され、後から面接官が部屋に入ってくるという場合もありますよね。そのような場合は、「座る位置」と「お辞儀のタイミング」に気をつけましょう。

まず、応接室のどこに座るかですが、通常、上座に座るようすすめられます。上座は入り口から一番遠い席で長椅子が一般的です。お客様でもないのに上座に座るなんてなんだか居心地が悪いかもしれませんが、受付の方に案内された席に座りましょう。間違っても勝手に下座に座らないよう気をつけてください。

続いてお辞儀のタイミングですが、面接官が入ってきたら、その場で立ち上がり「よろしくお願いいたします」と言って敬礼をします。面接官が着席したら、「失礼いたします」と言って速やかに座りましょう。

3-5 「話し方」 声のトーンや大きさ、速さ

第１章で、印象の良い話し方とは、声が明るく響き、聞き取りやすくて心地良く、感情豊かな表現力のある話し方とお伝えしました。また、メラビアンの法則では、聴覚、つまり声のトーンや大きさ、速さが、視覚に劣らず第一印象には重要だともお伝えしました。

ここでは、この３つについてどのようにすればよいか、日々のトレーニングについても解説いたします。

声のトーン

あなたが思う「仕事ができる人」は、いったいどのような話し方をしているでしょうか。私（筆者）が思う「仕事ができる人」の話し方とは、具体的にはアナウンサーの話し方です。

アナウンサーの中でも特にニュースを読むアナウンサーの声のトーンは、どちらかというと若干低めです。ニュースに信頼性を持たせるため、少し落ち着いたトーンで話すのだそうです。一方、ニュースの内容が楽しいイベント紹介などの場合は、少し高めのトーンで明るく話していますよね。

私たちもアナウンサーを真似て、内容に応じて声のトーンを使い分けてみましょう。そのためにも、普段の自分の声のトーンはどうかを自覚し、意識をしながら高くしたり低くしたりするなど、日頃から工夫をしてみるとよいですね。周りの人からフィードバックをもらい、自分の声について客観的な認識を持ちましょう。

ちなみに私の声は女性の中では割と低めです。そのため、信頼度が高いと思われる反面、言い方によってはきつく伝わる場合もあるようです。状況に応じて高めのトーンで軽快に話したり、低めのトーンでゆっくりと内省をうながしたりする話し方を心掛けています。自分の

持っている特性を最大限活かすためにも、人にどのように聞こえるのか知っておくことが大切ですね。

声のトーンが高いと、明るく元気な印象を与えることができます。高めのトーンの声を出すには、ボールを頭の上から遠くへ放り投げる「スローイン」のイメージで声を出してみましょう。面接の場では、どちらかというと声のトーンは高いほうがよいでしょう。

一方、声のトーンが低いと、落ち着いた印象、信頼感や安定感を伝えることができます。低めのトーンの声を出すには、手の平を温めるときに「息を吐く」イメージで声を出してみましょう。

声の大きさ

私はここ数年、オンラインでの仕事が増え、セミナーのように室内で大きな声を出すといったことが極端に少なくなりました。そのため、久しぶりに室内でマイクなしの講座をした際、声を枯らしてしまったことがあります。

普段マスクをしていると、どの程度の大きさで話せば伝わるのか、戸惑うこともありますよね。声のトーンと同様、声の大きさもどの程度出せるのか、まずは普段の声の大きさを自覚しておきましょう。

面接会場では、面接官との距離を３m以上とっているところもあります。また、声が響きづらい部屋の場合もあります。面接官に「もう一度教えてください」と言われると、途端に緊張してしまいますよね。そう言われないためにも、大きな声が出せるようにトレーニングをしておきましょう。

大きな声を出すには、以下の４つのポイントを押さえましょう。
①腹式呼吸で声を出す
②スローインのイメージで声を出す
③大きく口を開けて声を出す
④勢いよく言葉を発する

1日に1回、大きな声を出す練習をする、もしくは1曲歌ってみるなどしながら、声を大きく出すことに意識を向けましょう。

話す速さ

先ほど、声のトーンはアナウンサーを真似てみましょうとお伝えしました。話す速さもまた、アナウンサーの速さをお手本にするとわかりやすいでしょう。特にNHKのアナウンサーの話すスピードは、万人にちゃんと届く速さといわれています。その速さは、1分間に300〜350文字程度。およそ原稿用紙1枚分です。速さについても、普段の自分の話す速さはどうか、確認をしておくとよいですね。

速めの人は少しゆっくりと話す練習を、ゆっくりの人は少し速めに話す練習をするとよいでしょう。1日1回、300文字程度の文章を読む練習をするだけでも、聴きやすい速さを手に入れることができます。

トイレに入る際、ノックをしてお辞儀の練習をする。トイレに座ったらスマートフォンに保存した記事を声に出して1分読む。トイレは面接練習にうってつけの場ですね。

3-6 対話につながる話の「聴き方」

第１章で、面接は質疑応答ではなく「対話」であるとお伝えしました。あなたはどう思いますか。「そうはいっても、ジャッジされる側なんだから対話できないよね」と思ってはいないでしょうか。

私たちの未来は、自分がそのように定義をした瞬間から、その通りになります。「ジャッジされている自分」と思うと、当然のようにジャッジされるのです。「対話をしている自分」と思ってそう振る舞っていると、自然と対話は始まるものなのです。もちろん、すぐに自分の思い通りにものごとは進みませんが、少なくとも自分がそう思っていなければ、未来は変わりません。

模擬面接をしていると、「あっ、この人は対話をしているな」と思う人と「質疑応答を受けているな」という人に大きく分かれます。私の感じた対話型の人と質疑応答型の人の印象をまとめてみました。

●対話型と質疑応答型の人の印象

	対話型の人	質疑応答型の人
表情	笑顔	緊張した表情
身振り手振り	適度にしている	ぎゅっと手を握りしめている
質問に対して	柔軟に答えている	覚えたことを話している
無茶ぶりに対して	「少し考えるお時間をください」と言えている	固まっている
うなずき	しっかりとうなずいている	うなずいていない
相づち	「へぇ」「そうなんですね」など相づちができている	無言

いかがでしょうか。対話型の人とは、人間臭く会話ができている人といってもよいかもしれませんね。会話に合わせて身振り手振りを入れる、うなずいたり相づちを打ったりするなど、面接官の話や質問を聴く姿勢ができている人であるともいえます。

では、対話につなげるための「聴く」姿勢とは、どのようなものでしょうか。

●対話につながる聴く姿勢

アイコンタクト	温かい視線で相手を見る。凝視をせず相手の表情全体を見る感じ。
表情	穏やかな笑顔。状況に応じて表情を変える。
相づち	「はい」「ええ」「そうなんですね」など会話にほどよくいれる。
うなずき	深くゆっくりとうなずく（いつもより5cm深めのイメージ）。
ジェスチャー	話を盛り上げるためにジェスチャーを入れる。腕組みはNG。
抑揚	話のテンポは相手に合わせる。抑揚の幅は大きめにする。

面接は緊張する場です。対話型が良いとわかっていてもなかなかできません。すべてをしようと思わず、ひとつずつ会話に取り入れ、普段から自然に行うことができるように心掛けましょう。

スポーツ選手は勝つために試合に出ます。最初から負けるために出る選手はいませんよね。面接も同じです。採用されるかどうかは結果です。「採用」という結果を引き寄せるためにも、まずは面接で対話をしてみることから始めてみませんか。

「第一印象」チェックシート

第一印象の良い見た目、話し方、聴き方についてここまでお伝えしてきました。いかがだったでしょうか。最後に、「第一印象」チェックシートを添付しておきます。面接前日に「これだけは確認したい」項目を記載しました。

見た目
□ 前髪が目にかからないようワックスやスプレーの準備ができているか
□ 長い髪をまとめられるようヘアゴムやヘアピンの準備があるか
□ 自然な笑顔になっているか
□ 爪は整えられているか
□ シャツやブラウス、スーツにシミやほつれがないか
□ 靴は磨かれているか
□ バッグの準備はできているか
□ ストッキングは伝線していないか

姿勢
□ お辞儀と挨拶をスムーズにできているか
□ ドアのノックから開け閉めまで自然にできているか
□ 自然でキビキビとした歩き方ができているか
□ コートを脱いだりカバンを置いたりといった動作はスムーズにできているか
□ 座る姿勢は真っ直ぐにできているか
□ 深呼吸はできているか

話し方・聴き方
□ 自分の名前を大きな声で言えているか
□ 落ち着いた話し方ができているか
□ 声はスローインのイメージで出せているか
□ ヘンな癖は出ていないか
□ 相づち、うなずきはいつもより大きくできているか

転職面接のお悩み Q&A

「出されたお茶は飲むべき？　飲まざるべき？」

そうでなくても緊張しているのに、お茶まで出されたらどうすればいいか困ってしまいますよね。飲みたくない場合は無理して飲む必要はありません。ただ、面接官に「よかったらお茶をどうぞ」とすすめられたら、私も少し無理して飲むかな（笑）。

お茶を飲むときは、ビジネスマナーにのっとってスマートに飲みましょう。お茶のマナーには、茶碗のふたの開け方や置き方など細かいお作法があります。いざというときのためにも、普段からお茶の飲み方をマスターしておきましょう。

また、お茶を出されたら早めにいただくのがマナーであり、そうすることで美味しくいただけます。

最近はペットボトルのお茶が出される場合もあります。飲みたい場合は「いただきます」といって飲み、残りは持ち帰りましょう。飲まなかった場合も、せっかく出されたお茶ですので、「ちょうだいしてよろしいでしょうか」と尋ね、持ち帰るのがよいでしょう。

第4章

説得力のある「志望動機」を伝える

なんといっても面接の場で一番よく聞かれるのが「志望動機」です。面接官は志望動機を聞くことで、あなたの本気度や意欲、自社にふさわしいかなどを把握します。そのため、根拠のない動機、やみくもにやる気だけあるそぶり、他人事のような応答は一瞬で見抜かれてしまいます。

4-1 「なぜ」を明確に伝える

「志望動機について教えてください」

✕ NGな例

現在、市内の店舗で店長として、さまざまなことを任されています。ただ、以前から中国で働きたいと漠然と考えておりました。そのため、御社が新たに中国の工場での管理職を募集していると知り応募いたしました。

❶具体的に何をしているか伝えられていない

❷なぜ中国なのか動機を伝えていない

❸店長と工場の管理職業務の違いや共通点などについて言及できていない

採用に近づくヒント

「なぜうちの会社なのか」が明確に伝わるよう、具体的に表現しましょう。あなたは何ができるのか、どのように貢献するのかを言語化しましょう。

OKな例❶ これまでの経験を語る

これまで、現場の店長として、商品の仕入れから従業員の教育まで一通りの管理運営を任されてきました。取り扱っている商品の大半が中国からの輸入であるため、いつかは中国で働きたいと考えていました。普段から電話で北京や上海の工場管理者と話をしていますので、御社の求人を拝見した時、自分ならできると思いましたし、ぜひやってみたいと思い、応募いたしました。

❶前職の業務を具体的かつ端的に伝えられている

❷なぜ中国なのか理由が伝えられている

❸求人にふさわしい人物像であることをアピールできている

OKな例❷ 自分の熱意を伝える

はい、以前からお店をよく利用しておりました。なんといってもお店の接客がとても素晴らしいことが大変印象に残っています。いつか御社で働きたいと常々思っておりましたが、私の転職の時期と御社の求人のタイミングがピタっと合いました。私はこれまで、お店の規模は小さいですがスーパーでの接客経験があります。また、接客コンテストで九州代表にも選ばれました。以前と業態が違うからこそ、新たな視点でお店に関わることで、これからのお店の発展に寄与したいと思い応募いたしました。

❶興味関心があることが伝えられている

❷お店の特長、会社側も知ってほしい点が言語化できている

❸どのような経験が活かせるのかさりげなく伝えられている

❹アピールポイントを伝えられている

❺新たな業務改善のヒントを伝えられると言えている

○ OKな例③ 応募先企業の特長を軸に話す

❶応募先企業の商品のユーザーであることを伝えられている

❷企業の願いと同じことを応募者の言葉で伝えられている

私はこの３年間、自宅で仕事のインフラとして御社のシステムを使うようになり、もっと多くの人にこの便利さをわかってもらいたいと考えるようになりました。また、これからの新しい働き方に向けて、ユーザーの視点からさらに改善をし、誰もが手軽で簡単に使えるようになることで、ユーザー拡大も見込めると思いました。私は御社のシステムをもっと世の中に広めたいと思い、このたび応募いたしました。

❸入社後取り組みたいことを伝えられている

❹将来のビジョンを語ることができている

❺企業の方針と同じ方向を向いていることがわかる

○ OKな例④ 未来を見据えた動機を伝える

❶社会の状況が把握できていることが伝えられている

❷将来の予測ができている

これから先、日本はますます少子高齢化社会になると言われています。そのため、御社の産業ロボットはますます需要が高まると予想されます。５年後、私は御社の一員として日本のロボット産業の発展に寄与したいと考えております。私はこれまで半導体の分野でさまざまな経験をしてきました。これからは、その経験を活かし、次世代ロボットの開発と運用に貢献したいと思い、応募しました。

❸力強く伝えられている

❹具体的に何をすることで貢献したいのか伝えられている

4-2 具体的で発展的な話をする

「入社したらどんな仕事を希望しますか」

✕ NGな例

❶求人票に書いてある業務はできることが前提の質問なので、それ以外を答えられるとよい

はい、求人票に書いてあります事務業務を希望しております。これまでも事務業務を経験してきましたのでだいたいのことはできると思います。

❷具体的なことが伝えられていない

❸抽象的な表現のため伝わらない

採用に近づくヒント

求人票に書いてある業務はできて当たり前、それらを加味した具体的な表現やさらにどんなことができるか、発展的な話をしましょう。

○ OKな例❶

はい、求人票にあります事務業務はもちろんのこと、今後増えると予想されます電子帳簿の管理システムの取り扱いについて私自身も学びながらですが、従業員の皆様や取引業者様とスムーズなやりとりができる事務員を目指しております。また、先月は秘書検定の資格を取得いたしました。従業員の皆様が本来の仕事がやりやすいように、皆さまの秘書として心配りをしながら取り組みたいと思っております。

❶求人票に書いてある業務ができるのは当然と伝えられている

❷事務業務において将来を見越した答え方ができている

❸謙虚な姿勢が伝えられている

❹未来のあるべき姿が伝えられている

❺資格のアピールができている

❻面接官の期待する姿を言語化できている

○ OKな例❷

はい、まずは県内のお取引先に出向き、お取引先のお困りごとについてしっかりと把握できる営業マンになりたいと考えています。私は地元が離島なものですから、人と人のつながりを大事にしたいのです。最近はドローンを活用した物流システムも進化がすすんでいます。このような次世代機器を駆使し、地方で頑張っておられる店主のお悩みをひとつひとつ解決できる仕事をしていきたいと思っております。

❶具体的であり、会社の課題に取り組む姿勢が表れている

❷仕事をするうえで大事にしたいことが語られている

❸新たな機器を活用し、課題解決に向けて何をしたいのか力強く伝えることができている

4-3 自分の言葉でしっかり語る

「この仕事の経験はありますか」

✕ NGな例

❶面接官は、書類の内容に目を通したうえで、より詳しく聞きたいために聞いているので、さらにアピールしたい点を伝えるとよい

はい、あります。詳細は事前にお送りしました履歴書と職務経歴書に書いております。これまでの経験を活かせると思い、応募しました。

❷具体的でないためアピールできていない

採用に近づくヒント

面接は質疑応答をする時間と思ってはいないでしょうか。面接の時間はすべてが自己アピールの時間と捉え、書類に書いている内容も、自分の言葉でしっかりと語りましょう。

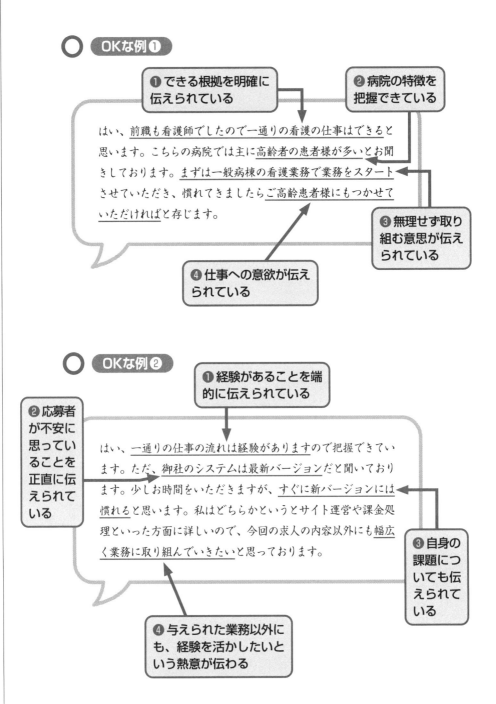

○ OKな例❶

❶できる根拠を明確に伝えられている

❷病院の特徴を把握できている

はい、前職も看護師でしたので一通りの看護の仕事はできると思います。こちらの病院では主に高齢者の患者様が多いとお聞きしております。まずは一般病棟の看護業務で業務をスタートさせていただき、慣れてきましたらご高齢患者様にもつかせていただければと存じます。

❸無理せず取り組む意思が伝えられている

❹仕事への意欲が伝えられている

○ OKな例❷

❶経験があることを端的に伝えられている

❷応募者が不安に思っていることを正直に伝えられている

はい、一通りの仕事の流れは経験がありますので把握できています。ただ、御社のシステムは最新バージョンだと聞いております。少しお時間をいただきますが、すぐに新バージョンには慣れると思います。私はどちらかというとサイト運営や課金処理といった方面に詳しいので、今回の求人の内容以外にも幅広く業務に取り組んでいきたいと思っております。

❸自身の課題についても伝えられている

❹与えられた業務以外にも、経験を活かしたいという熱意が伝わる

4-4 志望動機をまとめてみよう

ここまで、志望動機の応答をいくつかお伝えしました。解説を読んでいただくことで、何を伝えたらいいのか、ポイントはなにか、おわかりいただけたのではないでしょうか。とはいえ、「自分のケースには当てはまらない」という方もいるでしょう。そんな方のために、ワークシートをご用意しました。フレームに沿って、あなたの思いを言語化してみましょう。

●志望動機をまとめるためのワークシート

ステップ1：これまでの自分について語る

例：私はこれまで大手衣料メーカーで広報を担当してきました。毎年の流行を発信することにやりがいを感じておりました。

↓

ステップ2：応募先との接点を語る

例：このような仕事がきっかけで、御社にも以前から興味を持っておりました。特にサステナビリティ経営を大切になさっていると知り、御社で働きたいと思うようになりました。

↓

ステップ3：入社後の未来のビジョンを語る

例：御社に入社が叶いましたら、サステナブルな会社経営が当たり前になる世の中にしていきたいと思います。

↓

ステップ4：現実的な最初の第一歩を語る

例：そのためにも、まずは御社の商品を幅広く知ってもらい、御社の取り組みを知ってもらえるよう、これまで身につけてきたスキルを活かし、広報の仕事で貢献したいと思い応募いたしました。

転職面接のお悩みQ&A

「名刺を渡されたらどうすればいいの？」

応接室での面接の場合、面接官から名刺をいただく場合があります。その際は、まず椅子から立ち、両手で名刺をいただきましょう。担当者が複数人いる場合は、いただいた名刺を座っている順にテーブルの上に並べておきます。面接が終わったら、名刺は丁寧に取り扱い、名刺入れ、もしくはかばんにしまいましょう。

なお、面接の場ですので、自分の名刺を準備しておく必要はありません。

第5章

上手に伝えたい「あなたのアピールポイント」

志望動機と並んで多い質問が「あなたのアピールポイントを教えてください」です。自分のいいところを自分でアピールするのは、なかなか勇気がいりますよね。しかし、面接の場であなたを推してくれる人はあなたしかいません。自己分析を十分に行い、自信満々でも自意識過剰でもない、冷静で客観的な自己アピールを行いましょう。

5-1 きちんと根拠を伝える

「自己PRをお願いします」

✕ NG な例

私には、誰にも負けないチャレンジ精神があります。また、どんなことにも興味をもって御社の仕事に取り組むことができます。高校時代は野球部に所属していました。野球で培った根性もありますので、どうぞよろしくお願いします。

❶根拠のない自信。勝ち負けではない

❷何にチャレンジするのかよくわからない

❸具体的でないため信頼性を欠く

❹高校時代の話をしても伝わりにくい

❺根性はいまどき流行らない

❻「ある」だけではアピールにならない

採用に近づくヒント

チャレンジ精神や根性といったあいまいな表現では、あなたの良さは伝わりません。どのような経験をしたからなのか、根拠を伝えましょう。また、具体的に活かせるスキルを伝えることも大切です。面接官に「あなたと働きたい」と思ってもらえるアピールをしましょう。

○ OKな例❶ あなたのスキルをアピールする

私は以前の職場で販売をしておりました。お客様のお話をじっくりお聴きし、ご希望の商品をご提案するスキルは、今回の仕事でもお役に立てると思います。コールセンターの仕事で、お客様のクレームが苦手という方もいらっしゃいます。私は、クレームこそお客様の一番のご要望と考えております。お客様の声にじっくりと耳を傾ける。その姿勢を大切に、御社の商品を多くの人に届けたいと思っております。

❶前職で何をしていたかがわかる

❷どのようなスキルがあるのか具体的に伝えられている

❸一般的に苦手とすることを大切にしていると伝えられている

❹もうひとつのスキルを伝えられている

❺入社後のビジョンが語られている

○ OKな例❷ あなたの長所をアピールする

私にはどんなことにも興味関心をもって取り組むチャレンジ精神があります。そのため、難しい仕事にも興味をもってこれまでも取り組んできました。うまくいかず落ち込むこともありましたが、周囲の応援もあって乗り越えることができました。新たなチャレンジは自分自身を大きく成長させるきっかけにもなると思います。御社に入りましてからも、貪欲に目の前の仕事に取り組んでいきたいと考えています。

❶長所を端的に伝えられている

❷具体的にどういったことをいうのか伝えられている

❸周囲との人間関係が伝えられている

❹長所は成長にもつながっていると、ポジティブに伝えられている

○ OKな例③ これまでの経験をアピールする

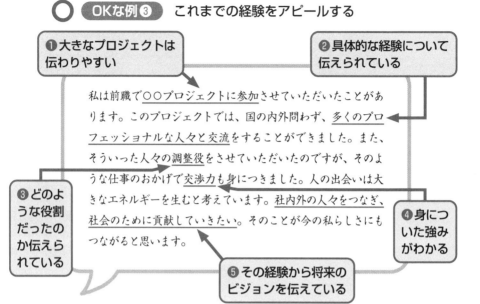

❶大きなプロジェクトは伝わりやすい

❷具体的な経験について伝えられている

私は前職で○○プロジェクトに参加させていただいたことがあります。このプロジェクトでは、国の内外問わず、多くのプロフェッショナルな人々と交流をすることができました。また、そういった人々の調整役をさせていただいたのですが、そのような仕事のおかげで交渉力も身につきました。人の出会いは大きなエネルギーを生むと考えています。社内外の人々をつなぎ、社会のために貢献していきたい。そのことが今の私らしさにもつながると思います。

❸どのような役割だったのか伝えられている

❹身についた強みがわかる

❺その経験から将来のビジョンを伝えている

○ OKな例④ あなたの人間力をアピールする

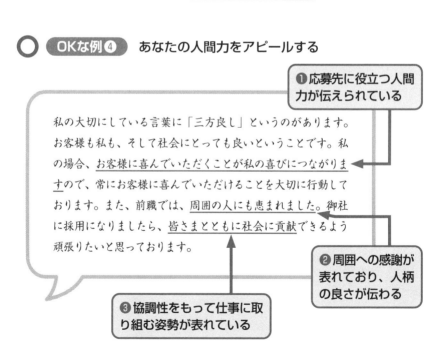

❶応募先に役立つ人間力が伝えられている

私の大切にしている言葉に「三方良し」というのがあります。お客様も私も、そして社会にとっても良いということです。私の場合、お客様に喜んでいただくことが私の喜びにつながりますので、常にお客様に喜んでいただけることを大切に行動しております。また、前職では、周囲の人にも恵まれました。御社に採用になりましたら、皆さまとともに社会に貢献できるよう頑張りたいと思っております。

❷周囲への感謝が表れており、人柄の良さが伝わる

❸協調性をもって仕事に取り組む姿勢が表れている

5-2 時代にあったアピールをする

「これまで頑張ったことはなんですか」

✕ NGな例

とにかく朝から晩まで、会社のために働きました。前職は営業だったのですが、他の社員よりも遅くまで外回りをし、戻ってからは、書類整理や見積書作りなど頑張りました。今後も御社のために一生懸命頑張ります。

❶長時間勤務で頑張ったことを聞きたいわけではない

❷遅くまで頑張っていたことをアピールしすぎると残業代のために働いているのではと思われそう

❸効率が悪いと思われるかも

採用に近づくヒント

時間をかけたから頑張ったというのはひと昔前の考え方。今は効率的な働き方が求められています。ここでは、お客様のため、周りの社員のために工夫したことを話しましょう。

○ OKな例❶

❶自分のためではなく誰かのために頑張った話は共感される

はい、ある大きなイベント獲得のため、ひとつ上の先輩がプレゼンをすることになったんです。チーム一丸となってA先輩のために頑張りました。ある人は服装や身だしなみにアドバイスをされ、ある人はプレゼンの資料を何日もかけて作り上げていました。私はそういったことはできませんので、皆さんが最高のものを作り上げるために、お茶の準備をしたりお夜食を買ってきたり、お掃除をしたりと身の回りのことに徹しました。おかげでプレゼンは成功しました。

❷チームで頑張るストーリーは面接官の興味をひく

❸普通のことだが、気遣いができる人であることが伝わる。自分の役割はなにかを自覚できる人だと伝わる

○ OKな例❷

❶大変な状況のエピソードは、頑張っていることが伝わりやすい

ある公共施設のシステムが突然ダウンし、緊急の対応に迫られたことがありました。私はチームリーダーを任されておりましたので、メンバーを至急集め、足りない人員については、支店のメンバーにも手伝ってもらいながら全国の店舗に応援を要請しました。おかげで休み明けに無事復旧しました。私が頑張れたのは、当時のメンバーのみならず、支店の皆さんや全国の技術者たちのおかげです。

❷周囲の人にも頼れる関係性が伝わる

❸ここでも自分の頑張りだけではないことをアピールできている

5-3 将来を見据えたアピールをする

「将来取り組みたい仕事について教えてください」

✕ NGな例

今回、プログラマーとして応募しました。実績はそれほどありませんが、将来は御社のプロジェクトマネージャーとして大きな仕事を手掛けてみたいと思っています。具体的にはA社のようなシステムを構築し、御社を業界トップにしたいと思っています。

❶実績がないことをことさら強調する必要はない

❷なぜプロジェクトマネージャーなのかを言えていない

❸具体的でない

❹具体的に言ったつもりだが、だったらなぜA社に応募しないのか疑問

❺トップを目指す根拠がない

採用に近づくヒント

ここでは、あなたの将来のビジョンや意欲を聞いています。根拠のない漠然とした将来像は、目先のことしか考えていないことが露呈してしまいます。今の自分と将来の自分がどのようにつながるのかを明確に言えるとよいでしょう。

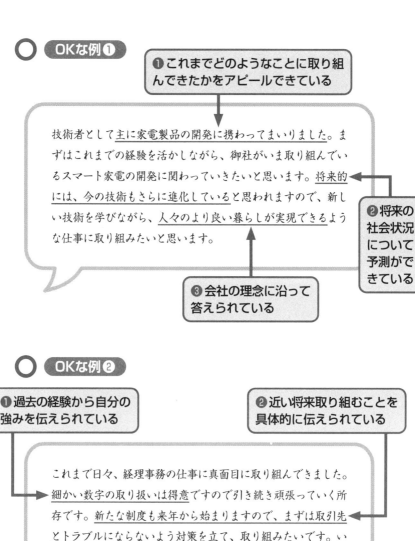

◯ OKな例❶

❶これまでどのようなことに取り組んできたかをアピールできている

技術者として主に家電製品の開発に携わってまいりました。まずはこれまでの経験を活かしながら、御社がいま取り組んでいるスマート家電の開発に関わっていきたいと思います。将来的には、今の技術もさらに進化していると思われますので、新しい技術を学びながら、人々のより良い暮らしが実現できるような仕事に取り組みたいと思います。

❷将来の社会状況について予測ができている

❸会社の理念に沿って答えられている

◯ OKな例❷

❶過去の経験から自分の強みを伝えられている

❷近い将来取り組むことを具体的に伝えられている

これまで日々、経理事務の仕事に真面目に取り組んできました。細かい数字の取り扱いは得意ですので引き続き頑張っていく所存です。新たな制度も来年から始まりますので、まずは取引先とトラブルにならないよう対策を立て、取り組みたいです。いま勉強中ですが、将来的には財務会計を学び、資金調達や資金運用などの仕事をやってみたいと考えています。

❸学びの姿勢がアピールできている

❹将来取り組みたいことが明確に伝えられている

5-4 自己PRをまとめてみよう

自己PRは人によって千差万別です。同じ人でも、仕事によってアピールする部分は違いますので、まずは以下の3つについて事前に整理をしてみましょう。

①自分の強みや経験を整理する
②①の中から応募した仕事に活かせることをピックアップする
③どのように活かすかを考える

整理ができたら、以下のワークシートを使って文章にしましょう。

●自己PRをまとめるためのワークシート

ステップ1：アピールしたいスキルや強みをアピールする

例：私はこれまで、高齢者施設を中心に介護器具の営業をしてきました。管理者様のお話をじっくりお聴きし、売るのではなく寄り添う営業をモットーとしてまいりました。

↓

ステップ2：なぜそれが強みなのか根拠を語る

例：そうすることで、リピーターとなっていただき、新規のお客様も紹介していただきました。私は自分の力ではなく、お客様の力で営業トップになれたのです。

ステップ3：その強みをどのように活かすかアピールする

例：御社のお客様はご高齢者が多いと聞きます。私はお客様のお話をじっくりお聴きすることで、このお店をご高齢者様の居場所にできればと考えております。そうすることで売上にも大いに貢献できると考えます。

転職面接のお悩みQ&A

「お礼状ははがきで送るのですか？」

面接が終わったら、「はがきでお礼状を送りましょう」とよく言われますが、はがきを送ったから採用になるといったことではありません。このようなマナーはすでに形骸化しているといってもよいでしょう。

ただし、面接の場でなにか特別にお世話になってお礼を伝えたい場合は、お礼状を送ってもよいでしょう。その場合も、最近ははがきではなくメールでお礼をするのが一般的です。そのとき気をつけたいのが、メールの書き方です。くれぐれもビジネスマナーに沿った丁寧なメールを送ることを心掛けましょう。件名がなかったり、宛名が書いていなかったりといったチャットのようなメールはマナー違反です。

せっかく面接ではいい感じだったのに、最後の最後にメールの書き方でビジネスマナーができていない人だと思われないよう、普段からビジネスメールの書き方を学んでおきましょう。

第6章

「転職に不利」を「アピールポイント」に転換する

「転職回数が多い」「ずっと非正規だった」――これまでの経験を振り返って、「転職に不利な経験ばかりだ」と嘆いている人もきっと多いことでしょう。しかし、あなたが不利だと思っている状況を、むしろどのようにアピールすればよいのかを考えるのが、採用につながるポイントになるのではないでしょうか。

この章では、転職に不利な状況に、面接官はどのような質問をするのか。そして、その質問に対し、どのようにアピールしたらよいのかお伝えします。

6-1 転職回数が多い

転職回数が多いと、面接官は「採用してもすぐに辞めてしまうのではないか」と不安になります。そのため、転職理由や前職での状況について根掘り葉掘り質問するのです。

あなたは、転職を何度もしたかったわけではなく、きっと定年まで勤めたかったはずです。どうしても続けられない理由があったのでしょう。しかし、たとえどのような理由があったとしても、面接の場で前職の悪口や苦し紛れの言い訳をしてはいけません。ましてや、転職回数をごまかしてはいけません。

これまで、さまざまな職場で培ってきた適応力と経験の豊富さをアピールしましょう。

「転職回数が多いのはなぜですか」

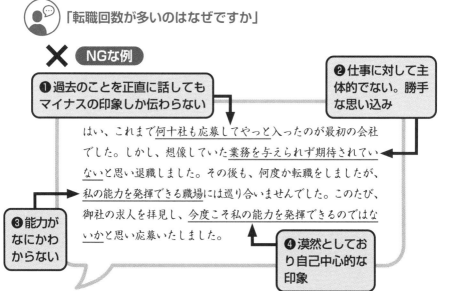

✕ NGな例

❶過去のことを正直に話してもマイナスの印象しか伝わらない

❷仕事に対して主体的でない。勝手な思い込み

はい、これまで何十社も応募してやっと入ったのが最初の会社でした。しかし、想像していた業務を与えられず期待されていないと思い退職しました。その後も、何度か転職をしましたが、私の能力を発揮できる職場には巡り合いませんでした。このたび、御社の求人を拝見し、今度こそ私の能力を発揮できるのではないかと思い応募いたしました。

❸能力がなにかわからない

❹漠然としており自己中心的な印象

採用に近づくヒント

前職の悪口は言わず、謙虚な姿勢を伝えましょう。これからは転職をしないという論理的根拠と意気込みを伝えましょう。

OKな例❶

大学卒業後、一貫して営業の仕事をしてきました。これまでどちらかというと、自分にとっての仕事のやりがいを大切にしてきたことで転職を繰り返しました。昨年、結婚もいたしましたので、今後は家族のためにも頑張りたいと思っております。これまでさまざまな業界で身につけてきた多様な営業経験を十分に活かせる仕事に就きたいと、御社を希望いたしました。

❶何を大事にしているから転職をしたのか端的に表せている

❷転職を繰り返さない覚悟が表れている

❸活かせる経験についてアピールできている

OKな例❷

これまで、夫の転勤に伴い、私自身退職を余儀なくされました。現在は子供も大きくなりましたので、今後、夫の転勤がある際は、夫は単身赴任と家族間で決めています。これまで、さまざまな企業で事務業務を経験してまいりました。そのため、御社に入っても柔軟に対応できると思います。RPA作業も経験がありますのでお任せください。

❶転職はやむを得ない事情と伝えられている

❷面接官の不安を払拭する言い方ができている

❸転職の経験をプラスに伝えられている

❹新たなスキルをアピールできている

「転職のたびに違う職種なのはどうしてですか」

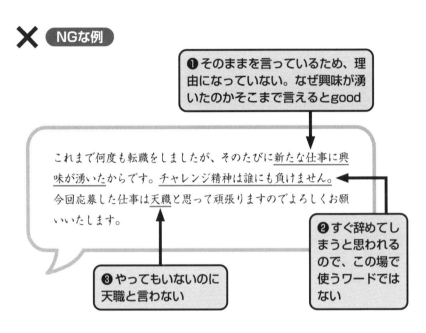

✕ NGな例

これまで何度も転職をしましたが、そのたびに新たな仕事に興味が湧いたからです。チャレンジ精神は誰にも負けません。今回応募した仕事は天職と思って頑張りますのでよろしくお願いいたします。

❶そのままを言っているため、理由になっていない。なぜ興味が湧いたのかそこまで言えるとgood

❷すぐ辞めてしまうと思われるので、この場で使うワードではない

❸やってもいないのに天職と言わない

採用に近づくヒント

方向性の違う仕事の経験は、面接官から見ると一貫性がないと思われます。あなたなりに一貫性があると言い切りましょう。また、これらの経験は次の仕事に役に立つという根拠をアピールしましょう。

OKな例❶

❶面接官の意見を受け入れている

確かに、経理事務からお店の販売員、生命保険の営業と一貫性がないと見えるかもしれません。ただ、今回の仕事は、そういった個々の業務を理解できる人がこなせる仕事であると考えます。これらの経験があるからこそ、なぜ売り上げが上がらないのかに焦点をあて、コスト削減と顧客満足度を意識した対応ができると思いました。

❷業務内容の本質を捉えた発言ができている

❸さまざまな経験はどのように活かせるのか具体的な言葉で語れている

OKな例❷

❶面接官の意見を受け入れている

確かに業種という視点で見れば、一見関連のない企業で働いていたように見えるかもしれません。当初、経理業務をしておりましたが、そのうち経営にも興味を持つようになり、ベンチャー企業の企画に移りました。新たな商品を生み出す力はどこからくるのか、今度はそういったことに興味を持ち、そのような企業を支援するコンサルティング会社に興味を持ったという次第です。私は仕事とそこに働く人々がいかに楽しく仕事をするのかに興味があります。この探求心は私の強みと自負しており、御社にも貢献できると考えております。

❷転職の理由を前向きに語っている

❸自分の中にあるブレないポリシーを語っている

❹自分の強みとしてアピールできている

6-2 もう50代だから

会社の倒産、リストラ、早期退職制度などにより、人生の後半になって、退職を余儀なくされた方もいらっしゃることでしょう。現在の年齢から、新しい会社、新しい文化、新しい仕事、新しい人間関係を築くのはなかなか容易なことではありません。

このように人生の後半で転職せざるを得ないとき、面接においてどのようにアピールすればよいのでしょうか。

面接の場では、面接官が自分より年下というケースがほとんどでしょう。そんな年下の面接官が不安に思うことはどんなことでしょうか。偉そうでなく親しみやすい人柄であること、これまで身につけたスキルや経験、専門性をわかりやすく伝えられる人を目指しましょう。

「わが社の平均年齢より高いですね」

✕ NGな例

そんなことはないと思います。この仕事に年齢は関係ないのではないでしょうか。私はこれまで30年近くこの道一筋でやってきましたから、まだまだ若い者には負けません。これまで若者の指導もしてきましたので、御社に入りましてもできると思います。

❶面接官の意見の否定から入っている

❷なんの根拠もなく年齢は関係ないと言っている

❸勝ち負けの問題ではない

❹指導係を募集しているわけではない。それを決めるのは面接官であることを忘れている

採用に近づくヒント

自分の年齢は周囲からどのように見られているのか、客観的に知る必要があります。年齢を重ねるほど、謙虚な姿勢でなければ、面倒くさいヤツと思われてしまいます。

OKな例❶

おっしゃるようにそう若くはありません。ですがこれまでの経験やスキル、人脈があります。御社の商品をＨＰで拝見し、これからの時代を担っていく商品だと感銘を受けました。若い人に教えていただきながら、共に次世代の商品作りに関わっていきたいと願っております。

❶面接官の言葉を受け入れている

❷さりげなく自己PRができている

❸企業研究ができている

❹若い人たちと協力するといった謙虚な姿勢が伝わる

OKな例❷

そうですね。御社で働いておられる皆さまからすると高いと、私も思います。だからこそ、これまで培ってきたビジネスマナーについてもアドバイスができるのではと思います。また、御社の現在の客層は30代中心ですが、市場の拡大を考えますと50代向けの商品開発にも、私の年齢ならお役に立てると思いました。

❶面接官の言葉を受け入れている

❷その年齢だからこその売りを伝えられている

❸企業研究ができている

❹将来に向けたビジョンと自身の貢献度を伝えられている

「若い社員があなたの上司になりますが気になりますか」

✕ NGな例

いいえ、私は気になりません。これまでも私より年齢が若い人とともに仕事をしてきました。最近の若い人は腰が低いですから、このようなおじさんにも気軽に質問をしてくれます。御社に入りましても、きっとうまくいくと思います。

❶「年下の上司」というところが面接官の気になる点であって、「若い人と仕事をしてきた」は誰もがそうであるため理由にならない

❷ユーモアを入れたつもりだが、一般的に若い人は目上の人を立てる。そのことを理解していない

❸根拠がない

採用に近づくヒント

年齢は社内の人間関係に影響があることを自覚し、どのように周囲の人と関われるかをアピールしましょう。「年齢が上だから」「経験があるから」といった意識ではなく、共に支え合う姿勢が好まれます。

○ OKな例❶

❶企業分析ができており、事情を把握できている

御社の平均年齢を拝見して、その可能性があると思いました。私には大学生の息子がおります。息子たちのような若い人の意見は大変刺激があり、勉強になります。
これからの日本はそういった若い人たちが作り上げていくわけですので、私ができることといったらしっかりとついて行くことです。上司役はときに孤独で辛いこともあると思います。そんなときは、上司部下の垣根を越えて、互いに支え合える関係になりたいと思っております。

❷具体的な根拠が言えている

❸ユーモアの描写もスマート

❹上司という役割の大変さを理解しているという発言

❺人間として支え合いたいという姿勢を伝えられている

○ OKな例❷

❶シンプルに理解していると伝えられている

❸身近にそういった人がおり、慣れていることが伝えられている

そのように理解しております。むしろ若い上司の元で働けることを今から楽しみにしております。実は、毎週日曜日に地域のランニングクラブに入ってみんなで走っているんです。そこのリーダーは30代の女性でして、モチベーションをアップさせる声掛けが上手なんです。私もいつも励まされますし、学ぶことが多いと感じます。とはいえ、上司になんでも任せるのではなく、私自身もどうすればチーム全体で仕事がはかどるかを考える所存です。

❷健康増進へのアピールができている

❹その経験から良い関係性が具体的に伝わってくる

❺自身の関わり方について主体的に述べられている

6-3 非正規社員だから

総務省の調査によると、雇用者のうち非正規雇用者の割合は36%以上となり、いまや３人にひとりが非正規社員ということになります。多くの人が長期的に安定した働き方を望んでいます。

面接官ももちろんそのことは承知しています。ただ、そうはいってもずっと非正規社員だったというのは、正社員にならない（なれない）事情がなにかあるのではないかと思ってしまうのです。また、正社員の良い条件ばかりに目がいっているのではないかと面接官は気になるのです。

雇用形態ばかりに注目するのではなく、面接官の不安を払拭し、あなたがこれまで懸命に取り組んできた仕事への姿勢や強みを全面に伝える努力をしましょう。

「これまで一度も正社員の仕事に就かなかったのはどうしてですか」

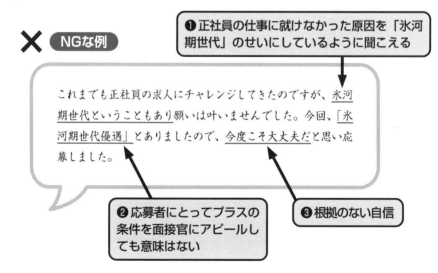

✕ NGな例

これまでも正社員の求人にチャレンジしてきたのですが、氷河期世代ということもあり願いは叶いませんでした。今回、「氷河期世代優遇」とありましたので、今度こそ大丈夫だと思い応募しました。

❶ 正社員の仕事に就けなかった原因を「氷河期世代」のせいにしているように聞こえる

❷ 応募者にとってプラスの条件を面接官にアピールしても意味はない

❸ 根拠のない自信

採用に近づくヒント

正社員の働き方と非正規社員の働き方について客観的に理解できていることを伝えましょう。また、愚痴や泣き言は言わないようにしましょう。

○ OKな例❶

これまでも正社員の求人に何度か応募しましたが、私の努力不足で思うようにいきませんでした。契約社員としてこれまで2社で働きましたが、正社員の方はプロジェクト全体に目を行き届かせていることに気づきました。そのような方とご一緒させていただいたことで、御社で正規、非正規にこだわることなく、全員で力を合わせたより良い仕事をしていきたいと思い応募しました。

❶自分の責任と謙虚に言えている

❷事実を隠さず伝えている

❸正社員の働き方について客観的に理解ができている

❹その経験を活かし、どのような働き方ができるか述べられている

○ OKな例❷

はい、長くA社に派遣社員ではありますが勤めておりました。A社に勤めることができたのも、派遣という雇用形態を選択できたからこそと考えております。そこで、最新の技術を習得できました。多くの技術者との人脈も築くことができました。御社に採用になりましたら、この技術と人脈を活用し、日本の技術革新のために貢献したいと願っております。

❶派遣社員ということをポジティブに捉え、A社での経験が貴重であることを伝えられている

❷そこで培った技術や人脈を持っていることをアピールできている

❸将来のビジョン、社会貢献のために働きたいと宣言できている

「正社員になったら転勤や残業はできますか」

✕ NGな例

❶安易に答えている

❷企業分析を行っておらず、どこに支店や工場があるか知らない答え方

はい、大丈夫です。転勤はどこでも行けます。残業も可能です。残業代は正社員もつきますよね？　どうぞよろしくお願いいたします。

❸いきなりお金の話になっている

採用に近づくヒント

正社員の働き方を理解していることを伝えましょう。採用になったらいきなり転勤ということもあり得えます。安易に飛びつくような物言いは控えましょう。

OKな例❶

❶企業研究ができている

❷具体的な希望が言えているので現実的

❸正社員の働き方を理解できている

御社はA県とB県に支店があります。私の実家はB県にあるため、B県への転勤は喜んで行きたいところです。また、残業についてですが、正社員となりますため、当然のことと思っております。ただ、残業については労働基準法でも厳しく言われておりますため、私のみならず社員全員で残業を軽減できるような取り組みについても積極的に関わりたいと考えております。

❹社会の状況も把握できている

❺自分だけではなく、社内改善に目を向けられているところがgood

OKな例❷

❶正社員の働き方を受け入れている

❷具体的に断る理由が伝えらえており、安易にできると言わないことが逆に信頼を高める

そうですね、正社員になりましたら転勤はつきものだと思います。ただ、小さい子供もおりますので、入社後５年間はなるべく転勤は控えさせていただきたいと存じます。その分、他の部分で頑張りたいと思います。残業についても、大変ご迷惑をお掛けしますが、事前に残業時間がわかっていればある程度は対応可能です。５年ほどたちましたら子供も成長いたしますので、他の社員の皆様同様に対応可能です。

❹質問や期待に沿えないことへの配慮ができている

❸代替案を持っていること、自分の都合だけを押しつけていないところがgood

❺具体的に対応できる時期を伝えられており、長期的視点で語ることができている

6-4 アルバイト経験しかない

「アルバイト経験しかない」と言われると、「うちの仕事もアルバイトのように軽く考えているのかな」「すぐに辞めるんじゃないかな」と面接官は不安になります。

しかし、「アルバイト」といっても詳しく聞いてみると、実はフルタイムで働いていたり、ユニークな仕事の経験をしていたりする人もいます。

とはいえ、「アルバイト」という言葉の響きは、本腰で働いているという印象が薄く伝わってしまいます。

面接では、これまで経験してきた仕事を具体的に堂々とアピールしましょう。

「あなたにとって働くとはどういうことですか」

✕ NGな例

私にとって働くとは、お金を稼ぐということです。やはり生きていくためにお金は必要です。いままでアルバイトの経験しかありませんが、それらの経験を活かしたいと思います。家族を養うためにも頑張りますのでよろしくお願いいたします。

❶結果として報酬が得られるのであって、そこを聞きたいわけではない

❷ことさらに強調する必要はない

❸具体的な経験が語られていない

❹多くの人がそうなので説得力はない。自分のことしか語られていない

採用に近づくヒント

この質問はあなたの働く意味を問う質問ですが、入社後の心構えを問うていると言ってもよいでしょう。自分のためでなく、他者のため社会のためといった言動がベターです。

OKな例❶

❶人間性を磨くという意味が含まれており、面接官に興味を湧かせる

❷具体的に何を身につけたか伝えられている

❸社会へ目を向けていることが伝わる

私にとって働くとは、自分を磨くということです。これまでさまざまな仕事を経験したことで、お客様との接し方を身につけることができました。また、世の中の困りごとはなにかといったことにも目を向けることができ、今回の仕事をやってみたいと思うようになりました。今後も自分を磨き続けながら、お客様に喜んでいただける商品作りに全力を注ぎたいと考えています。

❹志望動機にもつなげている

❺今後の具体的なビジョンが語られている

OKな例❷

❶社会に目を向けた発言である

❷周囲への感謝の気持ちが述べられている

❸励ましだけでなく「お叱り」と言っているところから謙虚な姿勢をうかがわせる

私にとって働くということは、社会とつながるということです。これまでも多くの人に支えられながら働いてきました。私がここまで成長できたのも働く仲間だけでなく、お客様からの励ましやお叱りがあったからこそだと思います。働くことで社会とつながること、そして御社の商品を多くのお客様に喜んでいただけることが、社会貢献にもつながると信じております。

❹「社会とつながる」ことを具体的に仕事につなげて話せている

「5年後のビジョンを話してください」

× NGな例

> 私の5年後は、ちょうど40歳になりますため、正社員にはなっていたいです。また、部下も数人いると思いますので、責任をもって大きなプロジェクトを共に頑張りたいと思っています。

❶個人の希望であり、雇用形態のみにこだわっている。面接官が聞きたいことではない

❷自分のことを客観視できていない。仕事のビジョンではない

❸具体的なプロジェクトの話になっていない。「大きい」といった表現も抽象的

採用に近づくヒント

「5年後のビジョン」とは将来の働くイメージ、取り組み、何をやりたいか、やっているかということです。個人の希望や願いというより、もっと社会性のある発言をしましょう。

○ OKな例❶

❶大きく夢のあるビジョンが語られている

❷アルバイトだった理由とともに、そのビジョンにつながる経験が伝えられている

私は、御社の商品のファンです。5年後は、海外、特にアジア圏に市場を拡大したいと考えています。私はこれまで、アルバイトでお金を貯めたら、東南アジアに旅にでておりました。御社の商品は絶対に需要があると確信しています。アジアの過酷な環境にも私は慣れていますので、5年後は、大きな夢かも知れませんが、アジア圏に御社の商品を提供できる店舗を構えることができるよう、私も貢献したいと考えております。

❸経験からの発言なので頼もしさが伝わる

❹具体的で面接官の興味をそそるビジョンであり、応募者の愛が伝わってくる

○ OKな例❷

❶企業研究ができている

❷企業の課題について具体的なビジョンが掲げられている

御社の従業員の約9割が女性と聞いております。私自身も子育て中であることから、社内で独自運営する託児所を設けたいと考えています。私はこれまで、ワンオペで育児をしてきた経験から、正社員の仕事に就くことが叶いませんでした。この経験から、女性がもっと活躍できる社会にしたいと考えるようになりました。私は御社のオペレーターの皆様の優しい声掛けにいつも癒されておりました。もし御社に入社が叶いましたら、オペレーターの皆様が子供を預け、安心して働けるような取り組みをしたいと考えております。

❸アルバイトだった理由とともに、自身の経験から説得力のある意見

❹社会の課題にも触れている

❺具体的であり、応募者が働きながら取り組んでいる姿が想像できる

6-5 ひとつの仕事しか経験がない

1社に長く勤めた経験は、どちらかというと転職に有利だと考えられます。なぜなら、社内でキャリアステップを踏み、組織のことも十分に理解していると面接官は想像するからです。また、専門性が高く、知識やスキルも研ぎ澄まされていると想像できるからです。

一方で、そういった人を面接官は「うちの社風に合わないんじゃないかな」「専門性が高いと柔軟性がなくチームでの仕事に向かないんじゃないかな」と不安になります。

その不安を払拭するためには、あなたの専門性や粘り強さとともに、周囲の人との柔軟なコミュニケーション、新しい分野へのチャレンジ精神があることもアピールしましょう。

「新たな仕事にチャレンジする勇気はありますか」

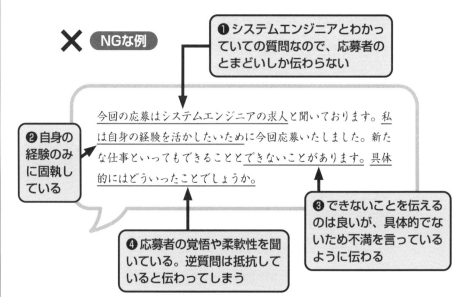

✕ NGな例

今回の応募はシステムエンジニアの求人と聞いております。私は自身の経験を活かしたいために今回応募いたしました。新たな仕事といってもできることとできないことがあります。具体的にはどういったことでしょうか。

❶ システムエンジニアとわかっていての質問なので、応募者のとまどいしか伝わらない

❷ 自身の経験のみに固執している

❸ できないことを伝えるのは良いが、具体的でないため不満を言っているように伝わる

❹ 応募者の覚悟や柔軟性を聞いている。逆質問は抵抗していると伝わってしまう

採用に近づくヒント

これからはひとつの仕事だけでなく、できることは互いに協力する姿勢が求められます。そのような姿勢や柔軟性を言葉にしましょう。

OKな例❶

❶素直にYesと言っている

❷これまでの仕事への取り組みもチャレンジと伝えられている

はい、あります。私はこれまでシステムエンジニアの仕事を専門にやってきました。これまでも、毎回、新たなチャレンジという気持ちで取り組んでまいりました。新たな仕事に取り組めるというチャンスは大変ありがたいと感じております。技術も日々バージョンアップしますから、柔軟に取り組む所存です。

❸感謝の気持ちを述べている

❹システムエンジニアの仕事になぞらえているので意気込みが伝わる

OKな例❷

❶事務職そのものが毎回チャレンジであると伝えられている

これまでやってきた事務職は、ある意味「なんでも屋」のような仕事でしたので、いつも新しい経験をさせていただきました。ですので、初めての仕事も周囲の人のお力を借りながら、なんとかこなすことができました。これからも、周囲の人と協力しながら、新たな仕事にチャレンジしていきたいと思っております。

❷周囲の人を巻き込んで仕事を進められることが伝えられている

❸言葉にすることで意欲が伝わる

「同業他社ではなくなぜうちなのでしょうか」

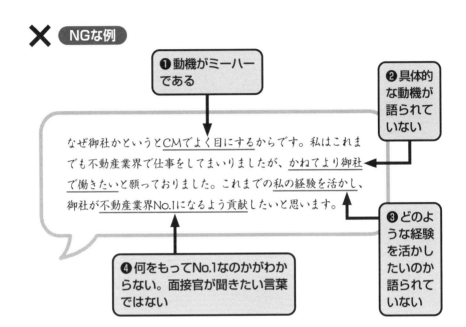

✕ NGな例

なぜ御社かというとCMでよく目にするからです。私はこれまでも不動産業界で仕事をしてまいりましたが、かねてより御社で働きたいと願っておりました。これまでの私の経験を活かし、御社が不動産業界No.1になるよう貢献したいと思います。

❶動機がミーハーである

❷具体的な動機が語られていない

❸どのような経験を活かしたいのか語られていない

❹何をもってNo.1なのかがわからない。面接官が聞きたい言葉ではない

採用に近づくヒント

ひとつの仕事しか経験がないということは、その仕事に精通しているともいえます。面接官はあなたの専門性を見極めようとしています。専門性があることをアピールしつつ、謙虚な姿勢を伝えましょう。

◯ OKな例❶

❶企業研究ができている

❷自身の生い立ちを話すことで動機についての根拠が伝えられている

私も不動産業界におりましたので、かねてより御社が地方創生のプロジェクトに取り組んでいることは存じておりました。私自身、田舎育ちですので、御社の取組みに大変興味があり注目しているところでした。これまでも、私はどちらかというと地域に密着した仕事をしてまいりましたので、その経験を活かし、いつかは御社の取り組んでいる地方創生のプロジェクトの一員として不動産業界を盛り上げたいと思いました。

❸同じ不動産業でも具体的なことが語られている

❹将来のビジョンが明確であり、その道一筋だったからこそ業界全体のことを考えられているといった語りができている

◯ OKな例❷

❶会社の特長や人事部に長年いたからこそ注目できている点が伝えられている

❷企業の売りはなにかを伝えられている

私はこれまで企業の人事課で長年勤務してまいりました。採用業務を担当することもあり、御社のマッチングアプリに大変興味を持っておりました。特に学生がOB訪問を手軽にできる機能は、人と人をつなげる大きなファクターになると思っております。これからはさらに、人と人、人と企業、企業と企業がつながることが、社会の課題を解決する糸口だと考えております。このような私の考えと御社の理念が同じであるとわかり、どうしても御社で働きたいと思いました。

❸社会の課題にも目を向けられている

❹理念をちゃんと理解できていることが伝わっている

6-6 ブランクが長い

未就職期間が長くなればなるほど、どのように面接に臨めばよいか戸惑いますよね。仕事をしていない期間、あなたはきっと「今日こそは頑張ろう」と心の中はいつも闘っていたのではないでしょうか。それを言葉にして伝えることで、あなたの未来は大きく変わりますよ。

面接官はブランクが長い人をみると「仕事はちゃんとできるのか」「周囲の人とやっていけるのだろうか」といった不安を感じます。そういった不安材料を払拭できれば、チャンスは到来します。

まずは、未就職期間にどんな経験をしたのか、そのことはこれからの仕事にどのように活かせるのかを伝えましょう。あきらめず、目指す未来に向けて、逃げそうになる自分と闘いましょう。

「未就職期間が長いようですが、どのように過ごしてきましたか」

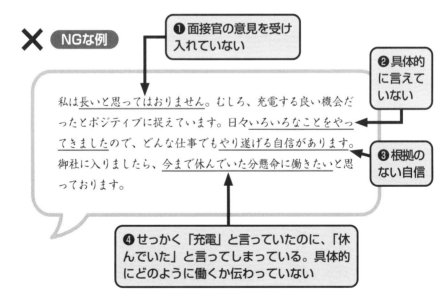

✕ NGな例

私は長いと思ってはおりません。むしろ、充電する良い機会だったとポジティブに捉えています。日々いろいろなことをやってきましたので、どんな仕事でもやり遂げる自信があります。御社に入りましたら、今まで休んでいた分懸命に働きたいと思っております。

❶面接官の意見を受け入れていない

❷具体的に言えていない

❸根拠のない自信

❹せっかく「充電」と言っていたのに、「休んでいた」と言ってしまっている。具体的にどのように働くか伝わっていない

採用に近づくヒント

未就職期間にしていたことを仕事と結びつけて具体的に伝えましょう。自分ができることはなにか、それを言葉にするのもよいですね。働くことへの決意と意欲を全力で伝えましょう。

○ OKな例❶

これまで、事務職の経験を活かした職場で働きたいと思い就職活動を行ってきました。そのため、ブランクが長くなってしまいました。この間、秘書検定の資格にもチャレンジし、２級を取得しました。また、地域活動にも積極的に参加し、そこで事務作業をボランティアで行っておりましたので、大変喜ばれました。ご高齢者の方とも親しくなり、今後は介護保険制度についても勉強しようと考えております。

❶自分なりのこだわりがあって未就職期間が長くなったことが伝わる

❷資格へのチャレンジがアピールできている

❸社会活動ができている

❹仕事につながる積極的な姿勢をアピールできている

❺人間関係が良好に築けていることがアピールできている。仕事に向けた学びへの意欲が伝わる

○ OKな例❷

まずは、規則正しい生活です。家事はほぼ私が担当しました。妻の弁当を作るなど、料理にも興味を持つようになりました。野菜も最近は値段が高騰し、家計のやりくりってこんなにも大変なのだと今更ながら気づきました。御社に入社が叶いましたら、常にコスト意識をもって取り組むことはもちろん、消費者目線で商品の開発に携わり、社会に役立つ商品を世に届けたいと思っております。

❶面接官が気にしていることを払拭するキーワード

❷意外性があり、柔軟性のある行動ができていると伝わる

❸ただ漫然と家事をしているのではなく仕事の目線を持っていることをアピール

❹具体的な将来のビジョンが語られている

「今になって仕事をしようと思ったのはなぜですか」

✕ NGな例

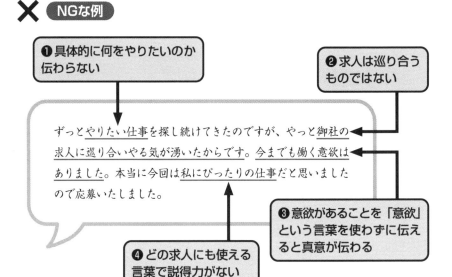

❶具体的に何をやりたいのか伝わらない

❷求人は巡り合うものではない

ずっとやりたい仕事を探し続けてきたのですが、やっと御社の求人に巡り合いやる気が湧いたからです。今までも働く意欲はありました。本当に今回は私にぴったりの仕事だと思いましたので応募いたしました。

❸意欲があることを「意欲」という言葉を使わずに伝えると真意が伝わる

❹どの求人にも使える言葉で説得力がない

採用に近づくヒント

なぜ今なのか、なぜこの仕事なのか具体的な理由を伝えましょう。久しぶりの仕事に対する不安も正直に伝えることで、あなたの人間性が伝わります。

○ OKな例❶

❶面接官の気持ちを想像し共感している

ずっと以前から、仕事をするなら今回のような仕事だと決めておりました。長期間仕事に就いておりませんでしたので、ご不安をお持ちかもしれません。私も皆様の足手まといになりはしないかと一時は応募を躊躇しました。実は、今もオンラインで好きな洋服の仕入れから販売まで細々とやっております。このような経験は今の御社のプロジェクトの発展にお役に立つのではないかと思い、応募を決意いたしました。

❷自分の不安な気持ちも正直に伝えている

❸ブランクの期間中に何をしていたのか具体的に伝えられている

❹なぜ今なのかを前向きに伝えることができている

○ OKな例❷

❸地域の課題について言及しており、そのことがきっかけになったと明確に伝えている

❶冒頭で「注目」と伝えており興味がそそられる

以前より御社には注目をしておりました。なぜなら、この地域の物流の主幹となる企業だと常々思っていたからです。前職を退職してから、自分の方向性をどうしたらいいか迷っておりました。しかし、私の両親と同じように、買い物に困っている高齢者のためにもう一度働きたいと思うようになり、このことがきっかけで頑張ろうと決意しました。多くの高齢者のため、そして自分の残りの人生を御社の目指す「誰もが笑顔になる地域社会」を目指して、もう一度奮起したいと思いました。

❷企業分析ができている

❹企業理念を把握できている

6-7 前職とまったく違う職種だから

「転職」は、別の企業に移って同じような職に就く場合もあれば、まったく違う職に就く場合もあります。別の職種に就く場合、「これまでの経験を活かし」といった言葉はあまり使えません。

とはいえ、これまでの経験のなかでも新たな仕事に活かせる知識やスキルはあります。それらのスキルや経験の棚卸を丁寧に行い、前職で得たスキルを次の仕事でどのように活かすのかをアピールしましょう。

新たな仕事に就くということは、未経験の状態で一から始めるということです。面接官の不安を払拭できるように伝えましょう。

また、職種を変えたあなたに、面接官は大いに興味があります。面接官の感情を揺さぶる納得できる理由が伝えられるといいですね。

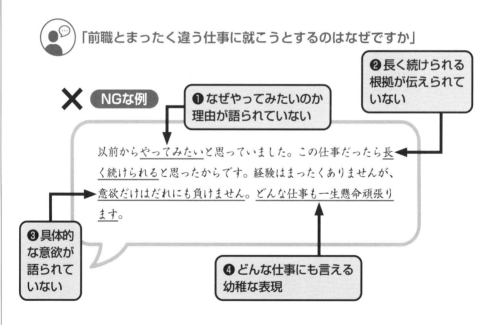

「前職とまったく違う仕事に就こうとするのはなぜですか」

✕ NGな例

以前からやってみたいと思っていました。この仕事だったら長く続けられると思ったからです。経験はまったくありませんが、意欲だけはだれにも負けません。どんな仕事も一生懸命頑張ります。

❶なぜやってみたいのか理由が語られていない

❷長く続けられる根拠が伝えられていない

❸具体的な意欲が語られていない

❹どんな仕事にも言える幼稚な表現

採用に近づくヒント

職種を変える大きな転機についてドラマティックに語りましょう。前職で身につけたスキルは必ずどこかで活かせます。未経験でもどのようにその仕事に取り組めるのか、熱意を多めに語りましょう。

○ OKな例❶

以前は建築関係の仕事に携わっていました。親の介護のためこちらに戻ったのですが、以前の経験を活かせる仕事がないのでどうしようかと考えておりました。御社の求人を拝見した時、農業といっても、高所での作業や暑いなかでの中腰作業など、以前の経験を活かせると気づきました。地域の人は私が小さい頃から大変お世話になっている方々ばかりです。建築業で培った体力を地域に還元していきたいと願っています。

❶転職の具体的な理由が伝えられている

❷業務の具体的作業が把握できていることが伝えられている。以前の経験が活かせると納得できる発言

❸経験やスキル以外の人脈にも触れておりgood

❹応募者なりのユニークで頼もしい発言

○ OKな例❷

私の趣味はビーズで小物を作ることです。これまでもお店で毎週のように買い物をしておりました。今回の求人は経験のある事務ではございませんが、大好きなビーズに囲まれた場所で仕事をしたいとずっと夢見ておりました。お店に伺うたび、お店のディスプレイをこんなふうに変えてみたいと勝手に想像したり、お店の常連さんと仲良くなったりと、私の人生はもはや御社なくしては語れません。元々事務業務をしておりましたので、販売業務のみならず事務業務もできます。

❶応募した動機につながる趣味の話からしている

❷今回の求人にふさわしいとアピールできている

❸入社後の具体的な行動が言語化できている

❹大げさだが、面接官の感情を揺さぶる熱意のある発言

❺販売だけでなく経験のある業務もできることをさりげなくアピールできている

「未経験の仕事ですが大丈夫ですか」

✕ NGな例

以前からやってみたかった仕事ですので、意欲はあります。まずは先輩方に教えていただき、しっかりと学ぶ所存です。早く皆さんに追いつき、将来は御社のなくてはならない存在として、若手を引っ張っていけるように頑張りたいと思います。

❶意欲は「意欲」以外の言葉で伝えると伝わりやすい

❷当たり前のことを言っている

❸そのような存在になるために何をするかを問うているので、そこを伝えよう

❹一見未来のビジョンを語っているように聞こえるが、具体的な行動を伝えられていない

採用に近づくヒント

未経験だからといって消極的な姿勢は敬遠されます。面接官は未経験のあなたに何ができるのかを期待しています。未経験に対するネガティブなイメージを払拭しポジティブに伝えましょう。

○ OKな例❶

この仕事は確かにこれまでやったことはありません。だからこそ、どんなことも貪欲に学ぶ姿勢で関われるのだと思います。また、新たな視点で課題を考えるきっかけにもなると思います。一から教わるだけでなく、今の自分でできることはなにかを考えながら、積極的に取り組みたいと思います。

❶面接官の発言を受け入れている

❷未経験であることのメリットを伝えられている

❸未経験者の視点は新たな解決の糸口になる可能性を伝えられている

❹受け身ではなく、できることは積極的に取り組む姿勢をアピールできている

○ OKな例❷

どんな仕事も最初は未経験ですが、コミュニケーション力があればどんな仕事にも活用できると思っております。なにかわからないことがあれば、周りの人に積極的に聞いたり、お手伝いをお願いしたりすることができます。依存はいけませんが、チームの一員として、他にもこれまで培ってきた能力を活かしながら積極的に取り組む所存です。

❶自分の強みは汎用性があることだと伝えられている

❷具体的にどのようにその能力を使うかを伝えられている

❸仕事はチームでするものと理解できていることが伝わる。また、他の能力も活かすといった積極的な姿勢が伝えられている

6-8 人間関係で辞めた

「以前の職場で仲間外れになった」「上司からパワハラを受けた」といった人間関係は退職理由として言わないほうが無難です。

なぜなら、あなたに100％非がないとしても相手のいないところで相手の悪口を言っていることになるからです。特にパワーハラスメントについては、明確な事実があったかどうかの事実確認をしなければ、第三者からするとあなたの勝手な思い込みと捉えられかねません。

あなたにとって辛い経験だったとしても、ネガティブな退職理由を伝えるのではなくポジティブな退職理由を伝えるほうがよいでしょう。面接の場は、面接官があなたを採用するかどうか見極める場です。面接官は人間関係が良好な人を採りたいと考えています。

「前職での人間関係はどうでしたか？」

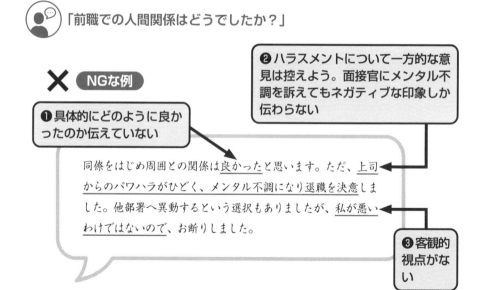

✕ **NGな例**

同僚をはじめ周囲との関係は良かったと思います。ただ、上司からのパワハラがひどく、メンタル不調になり退職を決意しました。他部署へ異動するという選択もありましたが、私が悪いわけではないので、お断りしました。

❶具体的にどのように良かったのか伝えていない

❷ハラスメントについて一方的な意見は控えよう。面接官にメンタル不調を訴えてもネガティブな印象しか伝わらない

❸客観的視点がない

採用に近づくヒント

前職での人間関係は、新たな職場に影響を及ぼします。ハラスメントについては客観的な伝え方をしましょう。こちらの意見だけでは「独りよがりな人」と思われてしまいます。

OKな例❶

営業所勤務でしたので、少人数でしたがみんなと力を合わせて盛り上げようとしていましたので、関係は大変良かったと思います。御社は、海外にも工場があるとお聞きしています。さまざまな国の人と共に仕事をしてみたいと思いましたので、応募させていただきました。

❶具体的にどのように良かったのか伝えている

❷企業分析ができている

❸コミュニケーションについては問題がなく、意欲的であることをアピールできている

OKな例❷

以前の会社では、私が退職の意向を伝えると同僚や先輩から引き留められました。それでも私は今回の仕事にどうしても就きたいからと伝えると、最後は「応援しているよ」と言っていただけました。そういった皆様に育てていただいたご恩を、御社に貢献することで返していきたいと思っております。

❶前職であなたを支えてくれた人のことを語ろう。そこを伝えることで人間関係が良好なアピールができる

❷応募の意欲がアピールできている

❸育ててもらったことに感謝をしている姿勢が伝わる

❹会社へ貢献したい気持ちが伝えられている

「うちはほとんどが女性(男性)ですが、うまくやっていけそうですか？」

✕ NGな例

❶具体的に何がどう大丈夫なのかが言えていない

はい大丈夫です。これまでも女性と一緒に働いてきましたから。妻もおりますので、女性にどう接すればいいかについては妻にも聞いておこうと思います。

❷うまくできる根拠にはならない

❸どう接すればいいかを今から聞くということは、以前は聞いていなかったということ

採用に近づくヒント

これからは、多様性をもった人々と人間関係を育みながら働ける人が採用されます。具体的にどのように相手のことを理解し、行動するかが問われます。

OKな例❶

はい、以前は女性ばかりのコールセンターで働いておりましたが、どんな職場でも私ができることを率先して行うことは変わりません。御社は外国人の方も多く働いていると聞きます。特にこの仕事は関わる人々の連携が大切だと実感しておりますので、どのような現場においても自分のできることを考え、周囲の人と力を合わせて仕事をしていきたいと考えております。

❶ 具体的に言えている
❷ 仕事に対する姿勢が伝えられている
❸ 企業分析ができている
❹ 自分の価値観を伝えられている
❺ この会社でどのようなことに配慮すればよいかを理解できている

OKな例❷

たしかに看護業界はこれまで女性の方がほとんどでした。私は、体力については自信がありますので、力仕事は率先して行いたいと思います。また、患者様の中には、男性の看護師のほうが話しやすいといった方もおられます。そういった自分のリソースを活かしながら現場でお役に立ちたいと思います。現場がスムーズに回るよう一刻も早くチームの一員として認めてもらえるよう頑張ります。

❶ 現場について把握ができている
❷ 自分の強みをアピールできている
❸ 別の視点でも自身のリソースがアピールできている
❹ 意欲を伝えられている
❺ 人間関係を良くしていきたいという意気込みが伝わる

6-9 子育て中だから

共働き世帯やひとり親世帯が増え、子育て中の人にも働いてもらいたいという企業も多くなりました。

具体的にどれくらいの時間働けるか、お子さんのことでどれくらい仕事に支障が出るのかといったことが、面接官は大変気になります。会社のために、そして自分や子供のためにどのような働き方がよいかを、現実的かつ具体的に話せる人が求められます。また、仕事の効率も見られています。いかに労働生産性があるかをアピールしましょう。

「お子さんが病気になったらどうしますか」

✕ NGな例

大丈夫です。うちの子供はこれまで病気になったことがありませんので。たとえ病気になったとしても、近くに病院もありますので、心配いりません。なんとかなると思います。

❶これまでそうだとしても、これからのことが言えていない

❷具体的にどのような病院か言えておらず、信ぴょう性が薄い

❸なんとかなるは、なんとかならない

採用に近づくヒント

自分の子供が病気になったときのことを想定でき、そういった緊急事態にもあらかじめ対処できる危機管理能力が問われています。また、突発的な事態にどうすれば仕事への影響が最小で済むか、未来予測能力も見られているといってよいでしょう。

OKな例❶

❶正直に答えており現実的

❷かかりつけの病院があることを伝え、問題ないことをアピールできている

❹家族の協力があることで安心できる

はい、これまでも熱が出た場合などが何度かございました。かかりつけの病院がありますので、通常の場合はそこで預かっていただけます。夫は出張が多いのですが、日頃から家事や育児にも協力的です。子供が病気になることでご迷惑をおかけすることもありますが、夫だけでなく遠方の両親も応援に来てくれますので、大丈夫です。

❸さらに預かってもらえることも伝えられている

❺会社に配慮した言葉

❻ここまで言えると安心が伝わる

OKな例❷

❷子どもの話から、応募者が子育てをしっかりしていることが伝わる

❶持病を持っていることを正直に伝えている

子供にはアレルギーがありますので、普段から体調に気をつけるようにしています。子供自身も発作が出たときはどの薬を飲めばよいかなどちゃんと理解しております。学校の先生にも事情を話してありますので、なにかの事態にはすぐに連絡があります。これまで、子供が入院するといったことはありません。もしものときのために、ママ友のネットワークを作っておりますので、特に仕事に支障はありませんのでご安心ください。

❹面接官の心配を払拭できている

❸先生と連携が取れていることから、仕事ができる人という印象

❺ここまで言えると安心が伝わる

「残業はできそうでしょうか？」

NGな例

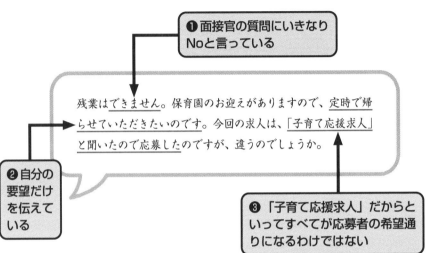

❶面接官の質問にいきなりNoと言っている

残業はできません。保育園のお迎えがありますので、定時で帰らせていただきたいのです。今回の求人は、「子育て応援求人」と聞いたので応募したのですが、違うのでしょうか。

❷自分の要望だけを伝えている

❸「子育て応援求人」だからといってすべてが応募者の希望通りになるわけではない

採用に近づくヒント

会社は仕事で貢献してくれる人を採用します。子育てをしながら仕事をすることが大変なことも重々承知です。そのうえで、どれだけ貢献できるのかをアピールし、自分の要望についても面接官と交渉をする姿勢を持ちましょう。

OKな例❶

❶面接官の言葉を受け入れている

❷残業の対処について具体的なお願いを伝えられている

そうですよね、残業はありますよね。お迎えの時間がありますので、定時に終了すると間に合います。どうしても残業になる場合は、早めに言っていただけますと保育園にも連絡ができますので助かります。また、これまでも残業しなくても済むように、朝の時間で仕事の段取りをつけて計画的に仕事をこなしてきました。子育てをするようになって、効率的に家事もこなせるようになりました。今後も、効率よく仕事を行い、極力残業しない仕事の仕方をしたいと考えております。

❸残業をしない仕事の仕方をアピールできている

❹子育てをしてきたことが、今後効率的な仕事ができる秘訣だとアピールできている

OKな例❷

❶申し訳ないといった姿勢が伝えられている

❸具体的にどのようにしてきたかを伝えられている

大変申し訳ございません、残業については子供のお迎えがございますので難しいです。これまでも、残業は極力しないように効率的にこなしてきました。どうしても残業しなければならないときは、他の人に頼むこともありました。ですが、丸投げするのではなく、頼みやすいように仕事の簡単な部分をお願いしたり、量を少なくしたりしてお願いをしてきました。もちろん、後でお礼も欠かさず人間関係は良好に保っておりました。2年後は子供も小学生になりますので、残業は可能です。ただ、その頃には私も仕事に慣れていることですので、さらに手際よくできているのではないかと思います。

❷これまでも効率的に仕事ができていたことをアピールできている

❹人間関係についても、残業の解消と合わせてアピールできている

❺長期的な視点について答えることができている

6-10 病気の治療中だから

病気をかかえながらの転職活動は、心身ともに負担が大きいことでしょう。「ちゃんと働けるだろうか」「病気が重症化してまた辞めることにならないだろうか」といった不安もあるのではないでしょうか。

面接官にとって、確かにあなたの病気のことは気になるかもしれません。しかし、それ以上に、うちの会社でどんなふうに頑張ってくれるのか、他の社員とうまくやれるのかといった、どちらかというと病気以外のことが気になるのです。

必要以上に病気に意識を向けるのではなく、仕事に対する意欲や取り組みについて、今の自分が貢献できることをアピールしましょう。

「前職は病気で退職されたとのことですが、今はどうでしょうか」

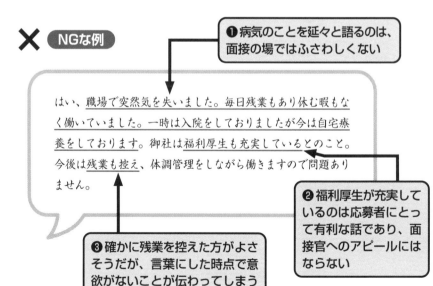

× NGな例

はい、職場で突然気を失いました。毎日残業もあり休む暇もなく働いていました。一時は入院をしておりましたが今は自宅療養をしております。御社は福利厚生も充実しているとのこと。今後は残業も控え、体調管理をしながら働きますので問題ありません。

❶病気のことを延々と語るのは、面接の場ではふさわしくない

❷福利厚生が充実しているのは応募者にとって有利な話であり、面接官へのアピールにはならない

❸確かに残業を控えた方がよさそうだが、言葉にした時点で意欲がないことが伝わってしまう

採用に近づくヒント

面接官は、病気をかかえながらもどれだけ貢献してくれるのかを聞きたいのです。ことさらに病気にフォーカスするのではなく、仕事の意欲と会社への貢献について伝えましょう。

OKな例①

はい、前職はおっしゃるように病気で退職をいたしました。しばらく療養しておりましたので、現在は普通に働けます。療養期間中は、これまでどのような仕事をしてきたか棚卸を行いました。また、これからどういったことで社会に貢献したいかを考えたとき、今回のお仕事に就きたいと思いました。病気になったおかげで私はやはり仕事は人と人とのつながりが大切だと実感しました。今後は、人間関係をこれまで以上に大切にしながら御社に貢献したいと思っております。

❶面接官の言葉を受け入れている

❷問題ないことをアピールできている

❸休みの間に前向きに行動していることを伝えられている

❹病気になったことをポジティブに伝えられている

❺人間関係を大切にするとアピールできている

OKな例②

はい、現在は月1回程度病院に通わなければなりませんが、それ以外は問題ありません。むしろ働くことでエネルギーがみなぎり、意欲が増すのではないかと考えております。病気で入院した際、医療従事者の人手不足がとても気になっておりました。御社のシステムはそういった現場で必要とされていると痛感しました。私だからこそできる営業を、御社でやっていきたいのです。

❶現実的なことを正直に伝えている

❷断言することで安心してもらえる

❸ポジティブな言葉を伝えられている

❹入院中でも問題意識をもっていたことが伝えられている

❺志望動機につなげられている

「どれくらい仕事に支障がありますか」

NGな例

❶事実を伝える際も、仕事に支障が出ることへの心配りをしましょう

月に1回病院に行かねばなりません。それ以外は特に支障はありません。

❸本当は支障がある場合、正直に答えましょう

採用に近づくヒント

面接官は共に仕事をしていく仲間を欲しています。周囲に迷惑を掛けたくない気持ちはわかりますが、ここでまた無理をして病気が再発しないためにも、最初に状況を冷静かつ客観的に伝えることが大切です。

OKな例❶

はい、大変申し訳ないのですが、月１回病院に行く必要がございます。月末の午前中の時間、病院に行きますこと、ご配慮願えればと存じます。それ以外には特に支障ないと存じます。御社に入社後なにかありましたら早めに相談いたします。よろしくお願いします。

❶クッション言葉でやんわりと伝えられている

❷具体的な日時を言うことで支障は少ないと伝えられている

❸断言できているため面接官に安心感を与えられている

❹相談といった対処ができる人だと伝えられている

OKな例❷

はい、体調管理のためお昼休憩の時間はしっかりとらせていただきたいと願っております。また、残業は極力しないように効率的に仕事をやっていく所存です。私自身、これまでも同僚や先輩、上司に助けていただきました。病気はいつ何時降りかかるかわかりません。私も自分のことだけでなく、周りの皆様の体調にも気配りをしながら、共に健康に働ける職場を目指したいと思います。

❶具体的な対処策を伝えられている

❷効率的な働き方ができることをアピールできている

❸人間関係が良好だったことが伝えられている

❹思いやりのある人柄が表れている

転職面接のお悩みQ&A

「何度も不採用になると自信を失ってしまいます」

そうですよね。「これだけ頑張っているのに何がダメなんだ～」と思ってしまうのは無理もありません。そんなときは、愚痴を言い合える友人とおしゃべりに興じるといいですよね。誰かに「話す」ということは「離す」「放す」ことにもつながります。愚痴を話すことで気持ちがすっきりするのではないでしょうか。

もう少し建設的に自信を取り戻したいなら、信頼のおけるキャリアコンサルタントに相談してみることをおすすめします。キャリアコンサルタントは、あなたの愚痴を聞くだけでなく、あなたと共にあなたの向かうゴールへと伴走してくれます。ときには「なぜ採用にならないのか」といったことも冷静に分析をして教えてくれます。

あなたが自分の人生をあきらめそうになっても、キャリアコンサルタントはあなたの人生をあきらめません。自信を失いそうになったら、信頼できるキャリアコンサルタントを頼ってみてくださいね。

第7章

よくあるちょっと答えにくい質問

面接の場では、さまざまな質問が繰り広げられます。ここでは、よくあるちょっと答えにくい質問に、どのように対処すればよいのかお伝えいたします。

7-1 退職理由を聞かれる

「退職の理由を教えてください」

✕ NG な例

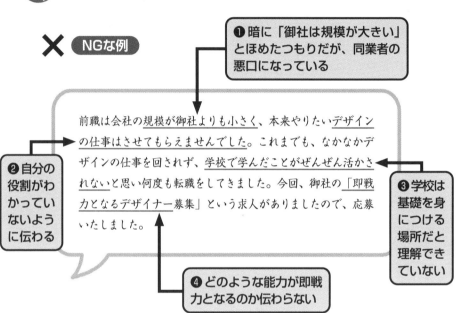

前職は会社の規模が御社よりも小さく、本来やりたいデザインの仕事はさせてもらえませんでした。これまでも、なかなかデザインの仕事を回されず、学校で学んだことがぜんぜん活かされないと思い何度も転職をしてきました。今回、御社の「即戦力となるデザイナー募集」という求人がありましたので、応募いたしました。

❶暗に「御社は規模が大きい」とほめたつもりだが、同業者の悪口になっている

❷自分の役割がわかっていないように伝わる

❸学校は基礎を身につける場所だと理解できていない

❹どのような能力が即戦力となるのか伝わらない

採用に近づくヒント

たとえ自分が思うようにいかなかった出来事でも、客観的視点で冷静に伝えましょう。企業がどのような能力を求めているかを想像し、退職理由を前向きにとらえアピールしましょう。

OKな例①

❶少人数という事実のみ言っている

❷具体的な経験をさりげなく伝え、なんでもできることをアピールしている

❸企業分析ができていることが伝わる

以前の会社は、少人数の会社でしたので、さまざまなことを経験させていただくことができました。おかげで、デザインのみならず営業や企画、HP作成など幅広く手掛けてきました。しかし、私にはどうしても○○のデザインをしたいという夢があり、それを実現するためにはその道の専門である御社で働くことが夢を叶える第一歩だと思いました。まずはどんな小さな仕事でもすべてはデザインの仕事につながっていると思い、頑張りたいと思います。

❹謙虚な姿勢で仕事への意欲を伝えている

OKな例②

❶これまでの実績をさりげなくアピールできている

以前の職場では現場の主任をしておりました。一昨年は全国で第２位の業績もあげました。しかし、今年に入り業務縮小となり、私の売り場もなくなり転勤の辞令がおりました。そのとき、あらためて私は地元のお客様に貢献できる仕事が好きなのだと実感したのです。そのため、思い切って退職し、地元のお客様が元気になり、そのことで地域も活性化できるよう貢献したいと思いました。

❷「地元に貢献したい」という価値観をアピールしている

❸価値観とともに、今後の会社への意欲を伝えられている

7-2 年収について聞かれる

「希望年収はどれぐらいですか」

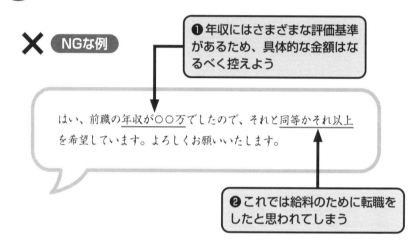

✕ NGな例

❶年収にはさまざまな評価基準があるため、具体的な金額はなるべく控えよう

はい、前職の年収が○○万でしたので、それと同等かそれ以上を希望しています。よろしくお願いいたします。

❷これでは給料のために転職をしたと思われてしまう

採用に近づくヒント

確かに前職より年収がアップしたほうが良いし、そのために転職をした人もいるかもしれません。年収の交渉は、内定をもらった後でも十分にできます。まずは、面接の場ではどんな人物かを理解してもらうことが先決と心得ましょう。

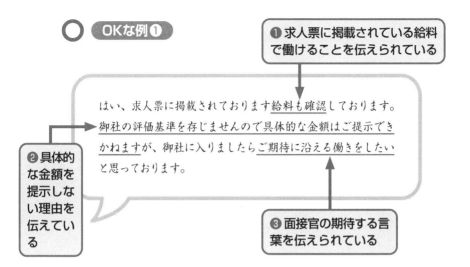

○ OKな例❶

❶求人票に掲載されている給料で働けることを伝えられている

はい、求人票に掲載されております給料も確認しております。御社の評価基準を存じませんので具体的な金額はご提示できかねますが、御社に入りましたらご期待に沿える働きをしたいと思っております。

❷具体的な金額を提示しない理由を伝えている

❸面接官の期待する言葉を伝えられている

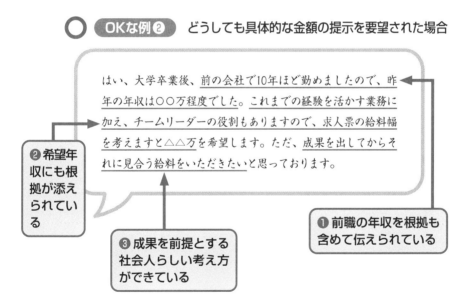

○ OKな例❷ どうしても具体的な金額の提示を要望された場合

はい、大学卒業後、前の会社で10年ほど勤めましたので、昨年の年収は○○万程度でした。これまでの経験を活かす業務に加え、チームリーダーの役割もありますので、求人票の給料幅を考えますと△△万を希望します。ただ、成果を出してからそれに見合う給料をいただきたいと思っております。

❷希望年収にも根拠が添えられている

❸成果を前提とする社会人らしい考え方ができている

❶前職の年収を根拠も含めて伝えられている

「前職より年収は下がりますが問題ないでしょうか？」

✕ NGな例

❶ 上限金額はその会社で長年勤務した場合の上限である

いただいております求人票の上限が〇〇万となっています。私の年齢や経験からするとそれぐらいになるのではと思っているのですが違うのでしょうか……

❷ 一般的には応募先企業の人事労務が判断する

採用に近づくヒント

一般的に転職をすると給料は下がると考えて行動するほうがベターです。そのためにも、まずは家族と一度マネープランをたて、実現可能な転職を考えるところから始めましょう。

○ OKな例❶

❶正直な気持ちを素直に伝えられている

はい、そうですね、下がることについては厳しい部分もありますが、念願の仕事に就きたい気持ちのほうが大きいです。また、収入は確かに下がりますが、御社に入社することで、これまでのような単身赴任にかかる経費も不要になります。そう考えますと、特に問題はないかと思います。

❷就職することへの気持ちを再度伝えられている

❸年収が下がることについて、すでにシミュレーションができていることが伝わる

○ OKな例❷

❶求人票について目を通していることが伝わる

はい、そのように心得ております。少しですが貯金もありますし、妻も共働きでしっかりと働いてくれています。１年後には、希望の年収に近づけるよう、精一杯働きますので、どうぞよろしくお願いいたします。

❷そう言える根拠を伝えている

❸給料よりも仕事への意欲がわかりやすく伝えられている

7-3 入社時期を聞かれる

「いつから働けますか？」

✕ NGな例

そうですね、4月から働きたいと思っております。それまでの3か月間は引継ぎ期間となりますので、待っていただけないでしょうか。

急募の場合は、3か月の猶予は正直厳しい。よほどの人材でなければ待ってはくれない。応募者側も善処している姿勢を示さなければ検討の余地はない。

採用に近づくヒント

まず、求人を検討する時点で、急募かそうでないかを見極める必要があります。どうしてもすぐの入社が難しい場合は、申し訳ない気持ちや行動する姿勢をしっかり示しましょう。基本は「すぐにでも働けます」と答えること。

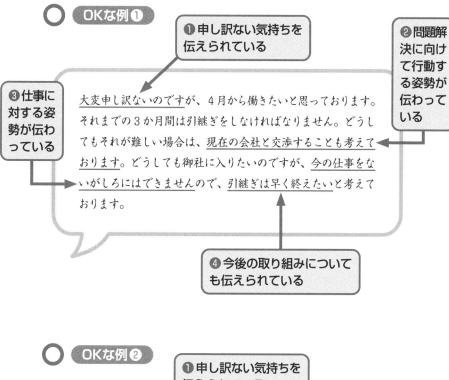

○ OKな例❶

❶申し訳ない気持ちを伝えられている

❷問題解決に向けて行動する姿勢が伝わっている

❸仕事に対する姿勢が伝わっている

大変申し訳ないのですが、４月から働きたいと思っております。それまでの３か月間は引継ぎをしなければなりません。どうしてもそれが難しい場合は、現在の会社と交渉することも考えております。どうしても御社に入りたいのですが、今の仕事をないがしろにはできませんので、引継ぎは早く終えたいと考えております。

❹今後の取り組みについても伝えられている

○ OKな例❷

❶申し訳ない気持ちを伝えられている

❷さっそく行動できていることが伝えられている

大変申し訳ございません。今の仕事の引継ぎに３か月ほどかかります。上司とも交渉中ですのでお時間をいただければと存じます。なにか別の形で御社に関わらせていただくことはできないでしょうか。

❸別の方法がないか伝えられている

7-4 スキルを聞かれる

「パソコンのスキルはありますか？」

✕ NGな例

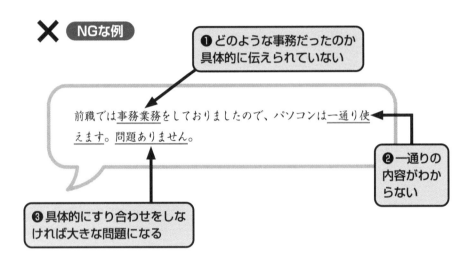

前職では事務業務をしておりましたので、パソコンは一通り使えます。問題ありません。

❶どのような事務だったのか具体的に伝えられていない

❷一通りの内容がわからない

❸具体的にすり合わせをしなければ大きな問題になる

採用に近づくヒント

いまやパソコンのスキルは当たり前の時代。パソコンが使えなければ仕事はできないといってもよいでしょう。そのうえで、具体的なアプリケーションやどのようなことで使用していたかを伝えます。

また、最近は社内ネットワークやクラウドサービスを使用するのが当然の時代です。パソコンスキルの中には、このようなことも含まれています。具体的に何をどのように使えるのか、面接官とすり合わせをするための質問と心得ましょう。

OKな例❶

❶使用したことのあるソフトを具体的に伝えられている

基本のWordやExcel、PowerPointなども使用しておりました。また、メールのやりとり、インターネットでの備品の購入、出張者のホテルの予約などもすべてインターネットで行っておりました。テレワーク業務の方とのオンライン会議の設定なども担当しておりました。

❷具体的にどのような業務でどのように使用したのか伝えられている

❸テレワークと連動した経験も伝えられている

OKな例❷

❶ソフトで作成したものを具体的に伝えられている

基本のOfficeソフトの使用については問題ありません。請求書等の書類作成、Excelでの売り上げ管理表なども作成しておりました。
会社のホームページやSNSの更新も一部ではありますが任されておりましたので、問題ありません。チャットアプリの管理者業務も担当したことがあります。

❷一部でもできることがアピールできている

❸流行りのアプリケーションの使用についてもアピールできている

7-5 希望と合わない場合のことを聞かれる

「希望している以外の部署に配属されたらどうしますか？」

✕ NGな例

❶あいまいな答え方をしている

採用されましたら、どんな部署でも頑張ります。ただ、できれば求人票に書かれている部署が希望です。

❷自分の希望を繰り返している

採用に近づくヒント

この質問は、あなたの柔軟性や適応力を試しているといえます。また、希望にそぐわない場合、どのような態度や姿勢をとるのかをはかる、ちょっと意地悪な質問でもあります。どんな状況にも決して腐らず、前向きな姿勢が求められます。

OKな例❶

❶この状況をポジティブに捉えている

そうですね、どのような部署に配属されても、御社を知るよい機会と捉えて頑張りたいと思います。他部署の方々と交流をはかるのは、どんな仕事をするにも必要不可欠ですから。

❷仕事するうえで社員と交流することが大切だと伝えられている

OKな例❷

❶この状況を、組織改善につなげて答えられている

❷自分の長所を伝えられている

それは願ってもないことです。さまざまな業務に関わらせていただくことで、どのような課題があるのか発見ができると考えています。もともと好奇心旺盛な私ですので、どの部署でも興味関心をもって取り組むことができると思います。

❸どんな状況でも前向きな姿勢が伝えられている

7-6 逆質問される

「最後になにか質問はありますか？」

✕ NGな例

❶ 面接の場で給料や休みの話をするのは控えたほうがよい。必要があれば面接官から説明がある

仮に希望の部署と別の部署になった場合、お給料は上がるのでしょうか。
それから、御社の今後の方針についても教えていただけますか。

❷ 最後の短い時間で話せる内容ではない。企業研究をしていないともとられかねない

採用に近づくヒント

この質問は、「もうそろそろ面接は終了」という意味も含まれています。そのため、面接官が答えにくい質問は控えたほうがよいでしょう。条件面については、雇用契約書を交わす際に、あらためて具体的に確認することもできます。面接は互いに気持ちよく終えましょう。「質問をしないと意欲が伝わらないのでは？」という意見もあります。意欲はすでに説明したように、会社への取り組み、あなたのやりたいこと、社会貢献といった場面であつく語りましょう。

OKな例❶

具体的に御社の概要もご説明いただきましたので、特に質問はございません。面接を受けて、ますます御社に入りたいという気持ちになりました。どうぞよろしくお願いいたします。

❶十分に説明いただいたと感謝の気持ちが述べられている

❷再度入社への意欲を伝えられている

OKな例❷

御社で働くとなった場合、該当の部署は何人ぐらいいらっしゃるのでしょうか。

無難な質問。面接官の答えやすい質問

7-7 面接ロールプレイ

ここまで、面接でのよくある質問についてさまざまな応答例をお伝えしました。ただ、実際の面接では、それぞれの質問がこのように独立してされるわけではありません。

面接の場では、深掘り質問、具体的な質問が次から次へと投げかけられます。一問一答だけ練習していては、深掘り質問になった瞬間、頭が真っ白になり固まってしまいかねません。

実際は以下のような質疑応答「対話」になりますので、一通り目を通しておくことをおすすめします。

●ロールプレイ

面接官　それでは、まず志望動機からお聞かせ願えますか。

応募者　はい、私は前職で事務業務を担当しておりました。一般的な事務業務に加え、社長の秘書業務にも携わっており、そのような経験を活かせると思いました。従業員の皆様がご自分の専門性を発揮できるよう、丁寧な気配りを心掛けながら業務をしていきたいと思い応募しました。

> 一般事務だけでなくプラスアルファの業務をアピールできている。自身の長所やそれを活かすと会社がどのようになるのか、さりげなく伝えられている。

面接官　そうなんですね。具体的に秘書経験を活かすとはどういったことでしょうか。

応募者　はい、秘書とは一般的には上司がその職務をスムーズにできるよう、事務的作業を行います。御社は少数精鋭で業務を行ってておられます。煩雑な業務を私が担当させていただくことで、皆様がより専門性をもって業務に集中できるのではないかと思いました。

「少数精鋭」であるといった企業研究もできていることが伝えられている。自分が入社するとこんなふうに変わるということが伝えられている。

面接官　なるほど。例えばどういった業務ですか。

応募者　はい。御社の具体的な業務を存じませんので、私の想像になりますが、例えば定型のメールのやりとり、チャットツールでのスケジュール管理、リモートワークの際の調整、出張時のネット予約等です。

具体的な内容が伝えられている。また、最新のツールを使用した業務にも対応できることがわかる。

面接官　なるほど。そういった業務は、確かに従業員個人でそれぞれやってもらっていました。仮にあなたが入社すると、そのような煩雑な業務に煩わされることなく、従業員は業務に集中できそうですね。とはいえ、Aさんがすべてやるのは大変じゃないですか。

応募者　はい、そんなふうに思われるのも無理はありません。しかし、最近はさまざまなアプリケーションがありますし、それらを活用すれば、業務の一元管理も可能です。私は御社の皆様がご自分の業務に集中していただくことで、新たな商品が生まれることを望んでおります。

面接官の不安を受け入れており、不安を払拭できている。さらに、自分が採用になることのメリットも伝えられている。

面接官　そうですか。うちの商品のどんなところが気に入っていますか。

応募者　はい、新商品の○○です。先月我が家も○○を購入しました。今までの商品からさらに省エネタイプになっていますし、形もコンパクトで使いやすいです。それに加えて、御社のお客様センターの対応はとても温かいので相談しやすいです。

具体的に商品を使用していることが伝えられている。また、お客様センターについても伝えられており、志望動機が本物であることがわかる。

面接官　ありがとうございます。ご利用いただいているのですね。Aさんの希望されている事務業務ですが、実際、他の会社でもそのスキルは生かせそうですが、どうしてうちなのでしょうか。

応募者　はい、御社の商品がシンプルに好きということもありますが、何より御社の理念であります「クリーンな未来を共に創るエコワールド」という言葉に感銘を受けたからです。我が家にも子供が２人おります。子供たちのためにも、エコ活動に重きをおいている御社でぜひ働きたいという思いがありました。

会社の理念にも触れている。共通の思いであることを伝えられている。

面接官　そうでしたか、うちの理念にも目を通していただいていたのですね。ちなみにお子さんが２人ということですが、おいくつですか。差しつかえなければ教えてください。

応募者　はい、小学１年生と３年生です。７歳と９歳の男児になります。そのため、基本は定時で帰らせていただければと存じます。その分、効率よく業務をいたしますので。

> 具体的に子供の状況を伝えられている。面接官が気になる帰社時間についてもこちらから伝えている。

面接官　定時ですか。残業は難しいですかね。

応募者　いいえ、大丈夫です。残業をしないように効率よく仕事を進めることを基本としますが、どうしても残業になる場合は、あらかじめ家族の協力をあおぎます。また、リモートワークといった働き方も上手に取り入れて、自宅でも業務を遂行できたらと考えております。将来的に子供が中学生になりましたら、より業務に時間を注げますので、問題ありません。

> 面接官の不安を払拭できている。自分なりの対策を堂々と伝えられている。また長期的視点で答えられている。

面接官　そうですね。今はさまざまな働き方がありますから。お子さんが中学生になるころにはどのようなことに取り組みたいですか。

応募者　はい、そのころには業務にも慣れてくるでしょうし、御社の新規事業にもどんどん取り組みたいと考えております。また、御社のコールセンターで働いている皆様は女性が多いとお聞きします。私のように子育てをしている方も多いのではないでしょうか。国も子育て支援への取り組みを後押ししています。そういった社会に貢献できる取り組みに携わり、御社の取り組みが他の企業のモデルケースとして広まるような、そんなプロジェクトにも参加できたら嬉しいと思っております。

具体的なビジョンが伝えられている。また、社会貢献にも話が広がっており、目先の話に終わっていないことが伝わる。

面接官　それは壮大な取り組みですね。具体的になにか策があるのですか。

応募者　策というものはまだありませんが、私自身も出産を機に退職を余儀なくされた経験があります。子育ては本当に大変でした。そのような思いを共有しながら、働き続けられる仕組みを考えたいのです。「未来を創る」とはそういった働き方も含まれるのではないかと思います。

自身の経験から、本気で取り組みたいことが伝えられている。再び会社の理念に触れており、付け焼き刃で伝えていないことがわかる。

面接官　いいですね。ぜひ当社に入社されたあかつきには実現してもらいたいです。ちなみにAさんは他に応募されていますか。

応募者　いいえ。御社だけです。御社に入ることを願っております。

願っていると繰り返すことで、熱意を伝えている。

面接官　そうですか。では、最後にAさんからなにか質問はありますか。

応募者　ありがとうございます。今回、面接を受けさせていただき本当に私は御社で働きたいのだと改めて自覚できました。事前に丁寧なご説明もいただきましたので質問はありません。どうぞよろしくお願いいたします。

感謝の気持ちを述べることができている。改めて熱望していることを伝えられている。

第8章

面接までの過ごし方

ここまでお伝えしてきたことはすべて、面接直前に準備したところでうまくいきません。筋トレのように毎日地道に積み重ねていくことではじめて、あなたの血や肉となり、パフォーマンスとして発揮できるのです。

ここでは、面接までどのように過ごせばよいのか、日々の過ごし方についてお伝えしましょう。読むだけでは身につきません。毎日１分でもよいので実践することが採用につながります。

8-1 楽観的に過ごす

転職活動の期間でもっとも難しいのが、モチベーションの維持です。不採用の結果がくると落ち込みます。そこから次の応募まで、気力を立て直し、履歴書を作成し、笑顔を保ち続けるのは、本当に辛い作業です。モチベーションを維持するためにも、まずは楽観的に過ごすことを心掛けましょう。

日本人の多くは防衛的悲観主義者だといわれています。未来に起こりうるネガティブな出来事に対して用意周到に準備をする、大丈夫だと浮かれない、根拠のない自信を持たないというタイプです。何を隠そう、私もこのタイプです。とはいえ、転職活動期間中ずっとこの調子では、本来自分が持っている良さを生かせず鬱々としてしまいます。そうならないためにも、楽観的に過ごすことはとても大事なのです。

楽観的に過ごすためには、自分におまじないをかけることです。おまじないと聞いて、「はっ？　何言ってんの？」と思いましたか？そう思った方は自分を信じる力が少ない方です。自分を信じ、やってみる、行動に起こすことこそが楽観的に過ごすための第一歩なのです。そのためにも、私が今からお伝えする３つのおまじないを、だまされたと思ってぜひやってみてくださいね。

①自分がご機嫌になることをする

あなたはどんなことでご機嫌になりますか？　「甘いものを食べる」「香りのいい入浴剤を使う」「大好きなアーティストを見る」「大好きな歌を歌う」「サウナで汗を流す」など、自分がご機嫌になるために、自分の甘やかし方を知っておくだけでも、楽観的に過ごせそうですね。だからといって、お酒を浴びるように飲んだり、タバコを大量に吸ったりすることは健康を害しますので控えましょう。

②ポジティブに変換する

普段の思考が悲観的な方は、先ほどの防衛的悲観主義者の典型的な思考回路に陥っているといえます。そんな自分を客観的に観察し、ネガティブ思考をポジティブ思考に変換することも必要です。以下のようなワークシートを使って、自分の思考を変換してみましょう。

ステップ1：どんな出来事がありましたか。

例：また不採用になった。

↓

ステップ2：そのことをどんなふうに思いましたか。

例：人生おしまいだ。

↓

ステップ3－1：その根拠はなんですか。

例：特にはないけど、そう感じた。

↓

第1章 第2章 第3章 第4章 第5章 第6章 第7章 第8章

ステップ３－２：そう考え続けることが、あなたにとって得になりますか。

例：得にはならない。考えてみればまだ１社目か。

↓

ステップ４：別の視点で考えるとどんなことが言えそうですか。

例：今回は残念だったけど、この経験からどうすれば次回採用になるのか、もう少し考えてみよう。

③おまじないをかける

日本には言霊という考え方があります。言葉に魂が宿るということです。実際、自分に向かって「私はダメだ、ダメだ」と唱えていると、簡単にダメになっていきます。

一流のスポーツ選手は自身を鼓舞するために、「私はできる、できる」と唱えています。モチベーションがアップする音楽を聴いています。あなたもスポーツ選手にならって「私はできる、できる」と唱えてみてください。

あるいは、もっと自分にフィットする言葉を見つけ、毎朝、毎晩、どんなときも自分に言い聞かせることが大切です。このとき、思うだけでなく声に出すことが重要です。さらにモチベーションをアップさせたい方は、両手を腰にやり、顔は斜め上を向き、胸を張って言葉にするのです。自分を鼓舞するとはそういうことです。

8-2 規則正しい生活を心掛ける

モチベーションを維持するためには日々、規則正しい生活をすることも大切です。規則正しい生活を維持することは、心身の安定にもつながります。

では、規則正しい生活とはどういったことでしょうか。いつもと同じ時間に起床する。バランスのよい食事を心掛ける。適度な運動をする。楽しいことをする。いつもの時間に寝る。たったこれだけのことです。当たり前のことを言っています。でも、心身が不安定になると途端にできなくなるのです。この「当たり前」のことができていないと思ったら、今すぐ改善しましょう。

また、転職活動中ですから、やることはたくさんあります。応募書類の作成、企業研究、求人検索、面接の練習など。これらを1日で行うのは無理がありますし、そもそも1日では身につきません。面接に向けてスケジュールをたて、日々行動するのです。かつて、仕事をしていた頃はさまざまなことをしてきたのですから、転職活動も仕事をするように行いましょう。

● 1日のスケジュール例

7：00～	起床
7：30～	朝食
8：00～	ランニング
9：00～	掃除・片付け
10：00～	求人検索
11：00～	企業研究
12：00～	昼食

13：00～	職務経歴書の作成
15：00～	面接の練習
16：00～	読書
18：00～	一日の振り返り
19：00～	夕食
20：00～	入浴
21：00～	リラックスタイム

8-3 スーツや持ち物を点検する

転職活動のなかで最初にやっておきたいのが、スーツや持ち物の準備です。面接では必ず必要ですので、早い段階で購入しておきましょう。購入することでモチベーションも上がります。

すでにお持ちのスーツがある場合は、明日すぐ着用できるよう、点検を行いましょう。白いシャツにシミがあったり、スカートの裾がほつれたりしていては、せっかくの印象を損ないます。また、久しぶりに着用してみたらウエストが入らないなんてこともあるかもしれません。「月の初日は点検日」と決め、準備万端にしておきましょう。

点検日にあわせて、スーツを着用した面接練習も行いましょう。普段からスーツに慣れておくことで、当日もスムーズにお辞儀ができますよ。

靴の汚れは意外と目立ちます。かかとはすり減っていないか、つま先は汚れていないかなど細かなチェックが必要です。靴はあなたの品格を表します。特につま先は相手に一番近い部分です。「明日はきっとうまくいく」そんなふうにイメージしながら靴を磨くことで、自然とモチベーションも上がりますよ。

●持ち物チェックリスト

- □履歴書・職務経歴書のコピー
- □会場までの地図や会社への連絡先
- □筆記用具、手帳
- □財布
- □携帯電話、時計、折り畳み傘（雨天の場合）
- □１ミニッツカード（162ページ参照）

8-4 3つの筋肉を鍛える

面接の準備でもっとも時間がかかるのが、表情筋や体幹を鍛えるといった、文字通り筋肉トレーニングです。私たちの第一印象は私たちの筋肉が作っています。日頃の癖を取り除き、見栄えのする筋肉を鍛えましょう。面接に向けて鍛えておきたい筋肉とは、「表情筋」「舌筋」「体幹」です。それぞれのトレーニングを簡単に紹介します。

表情には私たちの感情が表れるとお伝えしました。面接には笑顔が絶対です。しかし、マスク生活が長くなり、私たちの顔の筋肉は随分と楽をしてしまいました。顔を隠すためにマスクを手放せなくなったという人もいるのではないでしょうか。

面接の場ではマスクをはずした表情もチェックされます。素敵な笑顔作りのために表情筋を鍛えましょう。

＜笑顔を作る表情筋トレ＞

①口を閉じ、口角を外側に開き10秒キープする。
②口を閉じ、頬骨を真上に上げ10秒キープする。
③口を閉じ、片方ずつ口角を斜め上に上げ、それぞれ10秒キープする。

表情筋トレに合わせて行いたいのが舌筋トレです。こちらは口元が引き締まるだけでなく、滑舌をよくするのにも役立ちます。滑舌が悪いかどうかは、自分では判別しにくいもの。悪くなったからトレーニングをするのではなく、悪くなる前に予防をしておきましょう。

＜滑舌をよくする舌筋トレ＞

①大きく口を開け、舌を前方に遠く突き出し、10秒キープする。

②次に右方向、左方向にも①と同様にそれぞれ10秒キープする。
③左右の頬の内側を舌先で、それぞれ10回まわす。

最後に体幹です。きれいなお辞儀や座る姿勢は体幹が決め手です。しなやかな筋肉で美しい姿勢とお辞儀を手に入れましょう。

<体幹を鍛える筋トレ>

【プランク】

①両肘を床につけ、うつぶせになる。
②両足を腰幅に開き、つま先をたて、腰を床と平行に浮かせる。
③そのままの姿勢で20秒キープする。

【ヒップリフト】

①仰向けに寝て、膝を90度に立てる。
②肩・腰・膝が一直線になるように、床から腰を持ち上げる。
③おしりを締めるように意識し、姿勢を30秒キープする。

【ドローイン】

①立ったままお腹に空気をため込むイメージで、息を大きく吸う。
②限界まで吸ったら、息を止めて一瞬キープする。
③お腹がへこむように息を吐き出す。
④へこませた状態で20秒キープする。

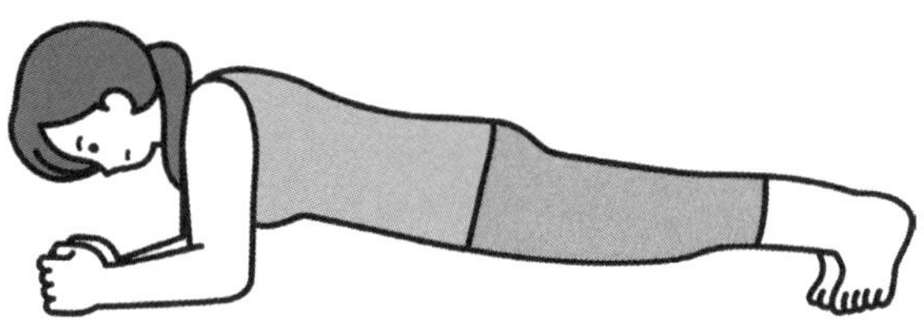

8-5 立ち居振る舞いの練習をする

筋トレの次に時間がかかるのがビジネスマナーです。お辞儀や座る、立つ、歩く、ドアの開閉の所作などです。第2章でもお話ししたように、頭でわかっているだけでは身についたとはいえません。

また、自分でできたと思っていても、はたから見ると全然できていないといったこともあります。ビジネスマナーは普段から行うことで身につき、体も自然と動くようになります。

家のドアを開け閉めするたびに「練習」と意識をして行いましょう。そのうち無意識でスマートな開け閉めができますよ。また、家族と同居している人は、家族に向けてお辞儀の練習をしてみてください。

「なんで家族に？」と思うかもしれません。でも考えてみてください。家族の支えがあるからあなたの生活も日々成り立っているのではないでしょうか。お辞儀をすることで、面接の練習にもなるし、家族にも喜ばれます。一石二鳥ですよね。

お辞儀は、家族に恥ずかしがらずにできるようになってはじめて、身についたといえるのかもしれません。また、自分の所作を録画してみるのもいいですね。どこが悪いか客観的に確認できます。

面接の場では、椅子の背にもたれず30分以上座り続けます。面接の時間をより良い姿勢でいるためにも練習は欠かさないようにしましょう。例えば、食事の最中にその練習をしてみませんか。いきなり30分は難しいので、まずは3分から始め、徐々に時間を延ばしていきます。普段からできるようになることで、面接だからと必要以上に緊張することがぐっと減りますよ。頑張りましょう。

8-6 質疑応答の内容を整理する

質疑応答について、さまざまな事例をご紹介しました。まずはあなただったらどのように答えるか文字に起こしてみましょう。

ポイントとなるのが「結論、根拠、事例、生かし方」といったフレームに入れて考えるということです。このフレームを意識することで、「自分はいま何をしゃべっているのか」が明確になり、落ち着いて話をすることができます。

次は覚える作業です。2－6（42ページ）でもお伝えしたように、丸暗記は忘れてしまったとき大変危険です。そのためにも作成した応答の覚えておくべきキーワードにマーカーを引き、そのキーワードを覚え、キーワード連結で話せるように練習をするのです。以下のような「1ミニッツカード」を作ってみるのもおすすめです。

●1ミニッツカード

①名刺サイズの用紙の一番上に面接の質問を記入する。

②その質問の応答文から覚えておくべきキーワードをいくつか記入する。

③時間があるとき、キーワード連結で話す練習をする。

「志望動機を教えてください」	
事務業務	秘書業務
専門性を活かす	

トイレに入っている時間でもカード1枚分の練習はすぐにできます。どんな時間も「練習」と思えば練習になるのです。

8-7 面接攻略スケジュール

これらのことを踏まえ、面接を攻略するためのスケジュールを参考までに作成してみました。自分の体調や応募状況に合わせ、面接攻略スケジュールを作りましょう。作ったら、あとは行動あるのみ！

日	曜日	午前	午後
1日	月	スーツ・持ち物点検	面接練習
2日	火	求人検索	履歴書の作成
3日	水	企業分析	職務経歴書の作成
4日	木	ランニング・筋トレ	【応募書類の投函】
5日	金	面接練習	読書
6日	土		
7日	日		
8日	月	求人検索	企業分析
9日	火	【面接】	応募書類の修正
10日	水	キャリアコンサルティング	【応募書類の投函】
11日	木	面接練習	読書
12日	金	ランニング・筋トレ	面接練習
13日	土		
14日	日		
15日	月	求人検索	面接練習
16日	火	【面接】	企業分析
17日	水	ランニング・筋トレ	応募書類の修正
18日	木	応募書類の修正	【応募書類の投函】
19日	金	ランニング・筋トレ	面接練習
20日	土		
21日	日		
22日	月	求人検索	面接練習
23日	火	【面接】	面接練習
24日	水	【面接】	応募書類の修正
25日	木	応募書類の修正	面接練習
26日	金	ランニング・筋トレ	面接練習
27日	土		
28日	日		

おわりに

私は社会人になってこれまで、何度も転職を繰り返してきました。転職活動中はひどく落ち込み、うつ状態になったときもありました。「自分なんて価値のない人間だ」「もう一生採用されないんじゃないかな」と本当に自分で自分を追い込んでいた時期もありました。

それでもなんとか前に進もうと思ったのは、自分のなかに負けず嫌いの性格があったからかもしれません。でも、当時はそんな性格だから受からないのだと、自分らしさを自分が一番否定していたのです。

キャリアコンサルタントになってからは、多くの相談者の話をお聴きしました。かつての私のような方もたくさんいらっしゃいました。私はまるで昔の自分を励ますように、話を聴き、履歴書の書き方のアドバイスをし、面接のポイントをお伝えしました。

「あなたならできるよ」「もうちょっとだから頑張ってほしい」「そこがあなたの魅力だよ」。相談者自身の気づいていない魅力を私は知っています。それをひとつでも多くお伝えしたい。自分の未来に希望をもってほしい。こだわりを捨て、もっと自由になってほしい。そんな思いでこれまで関わってきました。

私がかつて転職活動で苦しんでいたとき、もしこのような本があったなら、親身に励ましてくれるキャリアコンサルタントがいたなら、そんなに傷つくことはなかったのではないかと思いました。

就職支援講座で受講者の話をお聴きしていると、よかれと思って間違ったアピールをしている人や、面接で十分に自分らしさを発揮できていない人もたいへん多いと感じます。

だからこそ、面接官はあなたのどんなことを知りたいと思っているのか、面接官はどんな意図をもって質問をしているのか、知ってほしいのです。そして何より、あなたらしさをあなた自身がしっかりと自覚し、その良さを存分に面接官に伝えてほしいのです。

企業はあなたを待っています。あなたの中に光り輝くダイヤモンドのかけらをほしいと願っています。

この本を傍らに置いていただき、辛い転職活動を乗り越えてほしいと思います。そして、あなたがあなたらしく生き生きと輝けますよう、心より願っております。

最後に、執筆期間中に共に学んだ、キャリア・プロフェッショナル養成講座第９期の皆さん、ありがとうございました。人事の最前線で頑張っているまゆさん、業界あるあるを教えてくれたまえちゃん、大学生へのあつい思いを語ってくれたクラークさん、優しい語りでいつも癒されるケイトさん、企業のお悩みを赤裸々に語ってくれたおさねさん、ざっくばらんに具体例を教えてくれたイタさん、皆さまのおかげで、よりリアルな面接の話を盛り込むことができました。本当にありがとうございました。

中園久美子

中園久美子（なかぞの　くみこ）
キャリアコンサルタント・講師。キャリアクレッシェンド代表。
経理専門学校卒業後、大手通信社勤務を経てパソコン講師として活動。子育てや夫の転勤に伴い、何度も転職を余儀なくされる。現在はキャリアコンサルタントとして多くの面接指導を行っている。行政機関や高校、大学でも面接指導を実施。
「どんな服装がいいのかわからない」「緊張でうまくしゃべれない」といった相談者にアドバイスをしたところ採用される人が続出。転職を繰り返し、自信を失っている人が、自分の行動に自信をもって面接ができ、採用につながるための研究を続けている。これまでカウンセリングを行った人数は1万人以上。
大学ではビジネスマナー講座、秘書学講座の講義も行っており、「わかりやすい」「実践しやすい」と好評。
著書に『それでも書類選考で落とされない履歴書・職務経歴書の書き方』（日本実業出版社）、『【完全攻略】オンライン・WEB面接「リアルじゃない」を武器にする内定獲得ノウハウ86』（ダイヤモンド社）がある。
＜資格＞1級キャリアコンサルティング技能士、産業カウンセラー、秘書検定1級、メンタルヘルスマネジメントⅡ種

連絡先：CareercrescenDo（キャリアクレッシェンド）
https://www.career-k.com

転職回数が多い、非正規だった……
それでも採用される！　転職面接の受け方・答え方

2023年10月20日　初版発行

著　者　中園久美子
発行者　杉本淳一

発行所　株式会社日本実業出版社　東京都新宿区市谷本村町3-29 〒162-0845
編集部　☎03-3268-5651
営業部　☎03-3268-5161　振　替　00170-1-25349
https://www.njg.co.jp/

印刷・製本／中央精版印刷

ISBN 978-4-534-06047-1　Printed in JAPAN